Das
Bayerische Pflegschaftsrecht.

Eine Sammlung

aller das Pflegschaftswesen im Königreiche Bayern betreffenden Gesetze, Verordnungen, Ministerialanordnungen, Kreisausschreibungen, Erkenntnisse und Erörterungen, mit Geschäftsformularien und erläuternden Noten

nebst einer Anleitung

zur Anfertigung und Revision von Vormundschaftsrechnungen, sammt systematischen, chronologischen und alphabetischen Registern,

bearbeitet von

Oskar Reber,

königlich bayerischem Landgerichts-Assessor.

Zweites Heft.

Die Bezugsgesetze.

Mit erläuternden Noten

und

einer vergleichenden Inhalts-Uebersicht.

München 1869.

Verlag der J. J. Lentner'schen Buchhandlung.

(E. Stahl.)

Das Bayerische Pflegschaftsrecht.

Eine Sammlung

aller das Pflegschaftswesen im Königreiche Bayern betreffenden Gesetze, Verordnungen, Ministerialanordnungen, Kreisausschreibungen, Erkenntnisse und Erörterungen, mit Geschäftsformularien und erläuternden Noten.

nebst einer Anleitung

zur Anfertigung und Revision von Vormundschaftsrechnungen, sammt systematischen, chronologischen und alphabetischen Registern,

bearbeitet von

Oskar Reber,

königlich bayerischem Landgerichts=Assessor.

Zweites Heft.

München 1869.

Verlag der J. J. Lentner'chen Buchhandlung.

(E. Stahl.)

O. Reber's

Bayerisches Pflegschaftsrecht.

Die Bezugsgesetze

mit erläuternden Noten und einer vergleichenden Inhaltsübersicht.

München 1869.
Verlag der J. J. Lentner'schen Buchhandlung.
(E. Stahl.)

Uebersicht
der Hauptabschnitte des zweiten Heftes.

A. Landesherrliche Verordnungen und Reskripte (Generalmandate) vor dem Jahre 1818, nebst der Verfassungs-Urkunde vom 26. Mai 1818 und deren Beilagen und Zusätze.

B. Churbayerisches Landrecht vom Jahre 1756 außer dem Kapitel von der Pflegschaft.

C. Spezialgesetze.

D. Chronologische Uebersicht der unter A. B. C. enthaltenen Bezugsgesetze mit Angabe des Betreffes und Inhaltes und mit hinweisenden Noten. —

A.

Landesherrliche Verordnungen und Reskripte (Generalmandate) vor dem Jahre 1818, nebst Auszügen aus der Verfassungsurkunde vom 26. Mai 1818 und deren Beilagen und Zusätzen.

1.

Verordnung v. 1. Februar 1768 (Suppl. ad Cod. Bav. P. I. Cap. VII. § 36. S. 5.)

Von Endigung der Curatel durch Verehelichung.*)

Die Verehelichung wird zwar hier unter die Modos finiendi Curatelam gesetzt, welches sich jedoch nur von zulässigen, nicht aber von verbotenen Ehen versteht, wie z. B. jene, welche ein Minderjähriger ohne Consens seiner Vormundschaft kontrahirt, denn diese lauft gegen ausdrückliches Verbot in Cap. praec. 6. § 4. No. 7 und ziehet vielmehr eine Straf als obige Rechtswohlthat nach sich.

2.

Verordnung v. 24. Juli 1769 (M.-G. S. 1771. S. 514. — Moriz, Novellen 1820. S. 40.)

Von der Eheverlobniß oder den Sponsalibus.)**

rc. rc. Solchem nach ordnen und gebieten wir hiemit gnädigst:

1) .... Jene, welche nicht siegelmäßig sind, sollen sich

2) andergestalt nicht mehr als obrigkeitlich und zwar vor der ordentlichen weltlichen Obrigkeit, worunter entweder beide oder wenigst eines von beiden Theilen sein forum ordinarium oder privilegiatum hat, auf die Eheverlobniß einlassen, worüber auch allemal ein förmliches Protokoll zu halten, ...

3) .... Nebst jetzt erwähnten Formalitäten erfordern Wir

4) bei jung- und unversorgten Leuten, welche sich entweder noch bei

---

*) S. Z. 2.

**) S. Z. 1.

ihren Eltern befinden, oder unter der Vormundschaft stehen, auch den elterlichen respective vormundschaftlichen Consens, deklariren sofort

5) alle jene sposalia clandestina oder Winkelversprechungen, welchen es an obigen requisitis ermangelt, nicht nur für unzulässig und sträflich, sondern auch für null, nichtig und kraftlos, also und dergestalt, daß weder auf den Vollzug derselben, noch auf eine Indemnisation oder Satisfaktionsleistung irgendwo geklagt, gesprochen, oder erkannt werden möge, ...

3.

Verordnung v. 2. Merz 1787, (M.-G.-S. Bd. III. S. 126. § 4.)

Das Ausleihen des Pupillarvermögens betr.

Sämmtliche Aemter haben in Rücksicht der Pupillargelder den möglichsten Bedacht dahin zu nehmen, daß solche auf sichere Orte und nach dießfallsiger Vorschrift der Generalien und Gesetze verzinslich angelegt und hiedurch das Beßte der Pupillen nach aufhabenden Pflichten befördert werde. — (Wo sodann derlei von ihren Behörden bestätigte Geldauslehnungen in dem Depositenbuch anzumerken und in der Quartalstabelle vorzutragen kommen. *)

4.

Verordnung v. 26. Februar 1798 (M.-G.-S. 1799. Bd. VI. S. 30. — Döll. XVII. S. 735. § 958.)

Die Vormund- und Exekutorschaft der Justizräthe betr.

(Von nun soll kein Justizrath mehr einer Vormundschaft 2c. sich unterziehen dürfen, sowie man auch höchsten Orts keine Dispensation mehr ertheilen werde.) **)

5.

Verordnung v. 25. Juni 1799 (Döll. XVII. S. 737. § 960.)

Die Uebernahme außergerichtlicher Geschäfte von Seite der Justizbeamten betr.

Da wir auch nicht wollen, daß die Räthe durch die Nebengeschäfte von den Rathsobliegenheiten abgehalten werden, so soll kein Vorstand oder Rath und so auch kein Kanzleipersonal ohne unsere Bewilligung eine Privatagentie, Vormundschaft oder Testamentsexekution übernehmen, oder ohne neuer höchster Bewilligung die schon übernommene fortführen. 2c. 2c. ***)

---

*) Ueber diese Vormerkungen siehe die Vollzugsvorschriften (Heft III.) und das Depositen- und Rechnungswesen (Heft V.). Vergl. ferner Ziff. 7.

**) Vergl. Ziff. 5. 9. u. im folg. III. Hefte Abth. B. Ziff. 1. 2. 3. 9. 49.

***) Diese V. wurde erneuert durch Reskript v. 12. Sept. 1802 und ersetzt durch A. V. v. 10. Merz 1868. S. Heft III. Abth. B. Ziff. 49. 1. 2. 3. 6. — Vergl. Ziff. 4. 9.

6.

Verordnung vom 14. September 1804. (R.-Bl. 1804. S. 873.)

Die von den Vormündern auf fremde Universitäten zu verschickenden Mündel betr.

(Diese V. ist im folgenden Hefte III abgedruckt.)

7.

Verordnung v. 28. Januar 1805. (R.-Bl. 1805. S. 297.)

Das Ausleihen des Pupillarvermögens betr.

Wir finden uns von unserer obervormundschaftlichen Pflicht aufgerufen, zur Vermeidung derjenigen Nachtheile, welchen die Pupillen und Stiftungen ausgesetzt sind, wenn ihr Vermögen auf Erkaufung ausländischer Staatspapiere verwendet wird, allgemein zu verordnen, daß pupillarisches und Stiftungsvermögen, wenn dasselbe auf Staatspapiere ausgeliehen werden will, durchaus nicht anders, als zum Ankaufe inländischer Obligationen verwendet werden solle. — Die Vormünder und Stiftungsverwalter bleiben nicht nur für allen hieraus erfolgenden Nachtheil verantwortlich, sondern Wir werden, wenn in Zukunft gegen diese unsere Verordnung gehandelt wird, dieselben noch besonders zur empfindlichen Strafe ziehen lassen. — *)

8.

Uebereinkunft zwischen Würzburg und Baden in Hinsicht der Vormundschaften betr. vom 1. August 1810.

(Würzb. Reg.-Blatt v. 1810 S. 32.)

§ 17. Die Pupillarstelle des Staates, welche die allgemeine Erbgerichtsbarkeit nach den Bestimmungen der §§ 13 u. 14 auszuüben hat, bestellt die Hauptvormundschaft; dagegen wird in dem Staate, wo der Mündel im geringeren Grade begütert ist, ein Nebenvormund angeordnet.

Die Amtsführung desselben unterliegt der Gerichtsbarkeit seines Souverains. Derselbe ist aber die disponiblen Rentenüberschüsse und obrigkeitlich justifizirten Rechnungen an den Hauptvormund jährlich abzuliefern schuldig. — **)

9.

K. Reskript v. 31. August 1812. (Jahrb. d. Gerecht.-Pflege in Bayern v. Chr. Frhr. v. Aretin Bd. II. p. 34. (No. 5). — Suppl. zum b. Landr. No. XL.)

Die Uebernahme außergerichtlicher Geschäfte von Seite der Justizbeamten betr.

Die Hofrathsordnung v. 16. August 1779 § 7 und die Verordnungen v. 31. Merz 1788; 31. Merz 1794 und 15. Juni 1796 (M.-G.-S. Bd. I.

---

*) Vergl. Ziff. 3.

**) Bezüglich des Geschäftsverkehrs mit anderen Staaten siehe das folg. III. Heft, Abth. I und zwar mit Württemberg Ziff. 5 u. 7; mit Belgien Ziff. 27; mit Nordamerika Ziff. 57.

p. 160; Bd. IV. p. 1069; Bd. V. p. 32 u. 854) verbieten dem Justizbeamten die Uebernahme außergerichtlicher Geschäfte und die Weisung vom 26. Februar 1798 *) (M.-G.-S. Bd. VI. p. 30) wird mit dem Beisatze erneuert, daß sich dieses Verbot auf sämmtliche bei reinen Justizbehörden und Stellen angestellte und verwendete Individuen erstrecke. Es ist daher bei nahen verwandtschaftlichen Verhältnissen und besonderen Umständen die königliche allerhöchste Bewilligung zur Uebernahme der Leitung eines Privatgeschäftes, z. B. einer Vormundschaft, Beistandschaft oder Testamentsexekution nachzusuchen, und hierauf Entschließung zu gewärtigen. Das Entgegenhandeln hat Ausschließung vom Staatsdienste billig zur Folge. — **)

10.

Verordnung v. 26. Oktober 1813. (R.-Bl. 1813. S. 1337.)

Den Eintritt der Großjährigkeit betr.

Wir haben in Erwägung der nachtheiligen Folgen, mit welchen eine Verschiedenheit der Gesetze über den Eintritt der Großjährigkeit in den Provinzen unseres Reiches verbunden ist, nach Vernehmung unseres Oberappellationsgerichts, und sämmtlicher höheren Justizstellen des Reiches, dem Antrage Unserer mit der Revision des Maximilianeischen Codex beauftragten Commissäre entsprechend, beschlossen, noch vor der Verkündung eines allgemeinen bürgerlichen Gesetzbuches in diesem Punkte die Gleichförmigkeit im ganzen Umfange des Königreiches herzustellen; Wir verordnen demnach wie folgt:

Art. 1. Jeder bayerische Unterthan ohne Unterschied des Standes oder Geschlechts, tritt nach zurückgelegtem einundzwanzigsten Jahre seines Alters in die Großjährigkeit ein. —

Art. 2. An jenen Orten, wo bisher ein Anderer Zeitpunkt für die Großjährigkeit festgesetzt war, kommt die gegenwärtige Verordnung v. 1. Jänner 1814 an in Wirksamkeit.

Art. 3. Von diesem Zeitpunkte an sind alle entgegenstehenden Gesetze, Gewohnheiten und Statuten aufgehoben. — 2c. 2c.

(Zu L.-R. Thl. I. Cap. VII. § 36.)

(Vorstehende V. wurde auf das Fürstenthum Aschaffenburg ausgedehnt mittels A. Reskr. v. 1. Okt. 1814.) (Jahrb. Bd. II. S. 39.)

11.

Verordnung v. 2. November 1813. (Döll. V.-S. Bd. XIII. S. 758. § 570. Bd. XV. S. 826. § 294.)

Die Bevormundung unehelicher Kinder betr.

Die Gerichte sind durch die Gesetze verbunden, für die Bevormundung aller Minderjährigen, welche nicht unter väterlicher Gewalt stehen, zu sorgen.

---

*) S. oben Ziff. 4.

**) Vergl. Ziff. 5. n. im folg. III. Hefte Abth. B. Ziff. 1. 2. 3. 9. 49.

Da nun diese Gewalt der Mutter eines unehelichen Kindes nicht zusteht, so folgt schon aus jenem Grundsatze die Nothwendigkeit, unehelichen Kindern von Amtswegen einen Vormund zu bestellen, wenn auch hierüber in manchen Gesetzbüchern die Sache nicht so ausdrücklich, wie im preußischen Landrecht entschieden ist. —

Wir genehmigen daher eueren wohlbegründeten Vorschlag und erklären, daß die Gerichte verbunden sind, für die Bevormundung eines jeden unehelichen Kindes zu sorgen, sobald sie von dessen Dasein Nachricht erhalten haben. Daher können wir Eueren weiteren Vorschlag, den Advokaten solche Vormundschaften vorzugsweise zu übertragen, nicht genehmigen, da sie zwar zur Führung der (?) für arme Parteien, keineswegs aber zur Uebernahme von Vormundschaften verpflichtet, und überhaupt selten im Stande sind, für die Unterkunft und Erziehung solcher Kinder nach den Pflichten eines Vormunds zu sorgen.

Die Wahl der Vormünder richtet sich auch hier nach den gesetzlichen Bestimmungen über die ehelichen Kinder, mit einziger Beschränkung, daß die Verwandten des außerehelichen Vaters zu derselben nicht berufen sind, da einem unehelichen Kinde hinsichtlich der väterlichen Verwandten keine Familienrechte zustehen. Hiernach sind nicht nur das Stadtgericht Würzburg, sondern auch die übrigen Untergerichte anzuweisen.

(Zu L.-R. Thl. I. Cap. VII. § 2 u. 7.)

12.

Verfassungs-Urkunde vom 26. Mai 1818.

Zweiter Titel.

Von dem Könige und der Thronfolge, dann der Reichsverwesung.

§ 7. Die Volljährigkeit der Prinzen und Prinzessinen des königlichen Hauses tritt mit dem zurückgelegten achtzehnten Jahre ein.

(§ 9 u. ff. handeln von der Reichsverwesung während der Minderjährigkeit des Monarchen.) *)

Vierter Titel.

Von allgemeinen Rechten und Pflichten.

§ 1. Zum vollen Genusse aller bürgerlichen, öffentlichen und Privatrechte in Bayern, wird das Indigenat erfordert, welches entweder durch die Geburt oder durch die Naturalisirung nach den näheren Bestimmungen des Ediktes über das Indigenat erworben wird. (Beilage I.)

§ 2. Das bayerische Staatsbürgerrecht wird durch das Indigenat bedingt und geht mit demselben verloren.

---

*) Man sehe auch das k. Familienstatut v. 5. Aug. 1819 Ziff. 15 unten.

§ 3. Nebst diesem wird zu dessen Ausübung noch erfordert
a) die gesetzliche Volljährigkeit; ꝛc. ꝛc.

§ 8. Der Staat gewährt jedem Einwohner Sicherheit seiner Person, seines Eigenthums und seiner Rechte.

Niemand darf seinem ordentlichen Richter entzogen werden. — ꝛc. ꝛc.

§ 9. Jedem Einwohner des Reichs wird vollkommene Gewissensfreiheit gesichert; ꝛc. ꝛc.

ꝛc. ꝛc.

Die übrigen näheren Bestimmungen über die äußeren Rechtsverhältnisse der Bewohner des Königreichs in Beziehung auf Religion und kirchliche Gesellschaften sind in dem der gegenwärtigen Verfassungsurkunde beigefügten besonderen Edikte enthalten. (Beilage II.)

Fünfter Titel.

Von besonderen Rechten und Vorzügen.

§ 2. Den vormals reichsständischen Fürsten und Grafen werden alle jene Vorzüge und Rechte zugesichert, welche in dem ihre Verhältnisse bestimmenden besonderen Edikte ausgesprochen sind. (Beilage IV.) *)

§ 4. (Vorzüge der Adeligen, insbes. befreiter Gerichtsstand und Siegelmäßigkeit nach der Beilage VIII.) **)

§ 5. (Theilnahme der Collegialräthe und Geistlichen an diesen Vorrechten). —

Achter Titel.

Von der Rechtspflege.

§ 1. Die Gerichtsbarkeit geht vom Könige aus. Sie wird unter seiner Oberaufsicht durch eine geeignete Zahl von Aemtern und Obergerichten in einer gesetzlich bestimmten Instanzenordnung verwaltet.

§ 2. Alle Gerichtsstellen sind verbunden, ihren Urtheilen Entscheidungsgründe beizufügen.

§ 3. Die Gerichte sind innerhalb der Grenzen ihrer amtlichen Befugniß unabhängig und die Richter können nur durch einen Rechtsspruch von ihren Stellen mit Verlurst des damit verbundenen Gehaltes entlassen oder derselben entsetzt werden.

§ 7. Es soll für das ganze Königreich ein und dasselbe bürgerliche und Strafgesetzbuch bestehen.

---

*) Vergl. G.-V.-G. v. 10. Nov. 1861. Art. 76. Abs. 3.

**) Die Vorrechte des befreiten Gerichtsstandes und der siegelmäßigen Fertigung in Gegenständen der nichtstreitigen Rechtspflege sind aufgehoben durch G.-V.-G. v. 10. November 1861. Art. 76; Not.-Ges. v. 10. Nov. 1861. Art. 16 u. 150.

13.

Beilage II zur Verfassungs-Urkunde.

Edikt über die äußern Rechtsverhältnisse der Einwohner des Königreichs Bayern in Beziehung auf Religion und kirchliche Gesellschaften vom 26. Mai 1818. *)

I. Abschnitt.

Allgemeine Bestimmungen über Religionsverhältnisse.

2. Caput.

Wahl des Glaubensbekenntnisses.

§ 5. Die Wahl des Glaubensbekenntnisses ist jedem Staatseinwohner nach seiner eigenen, freien Ueberzeugung überlassen.

§ 6. Derselbe muß jedoch das hiezu erforderliche Unterscheidungsalter, welches für beide Geschlechter auf die gesetzliche Volljährigkeit bestimmt wird, erreicht haben.

§ 7. Da die Wahl eine eigene freie Ueberzeugung voraussetzt, so kann sie nur solchen Individuen zustehen, welche in keinem Geistes- oder Gemüthszustande sich befinden, der sie derselben unfähig macht.

§ 8. Keine Parthei darf die Mitglieder der andern durch Zwang oder List zum Uebergange verleiten.

§ 9. Wenn von denjenigen, welche die Religionserziehung zu leiten haben, eine solche Wahl aus einem der obigen Gründe angefochten wird, so hat die betreffende Regierungsbehörde den Fall zu untersuchen, und an das kgl. Staatsministerium des Innern zu berichten.

---

*) Die einschlägigen Vollzugsvorschriften sind im folgenden III. Hefte, Abtheilung C zu ersehen und zwar im Allgemeinen unter Ziff. 1, 17, 15, 19, 23, 32, 34;
zu § 1 unter Ziff. 12;
zu § 2 unter Ziff. 22;
zu § 5 unter Ziff. 1, 6, 20, 27, 33;
zu § 6 unter Ziff. 1, 6, 18, 20, 21, 25, 27, 32, 33, 34;
zu § 7 unter Ziff. 6, 8;
zu § 8 unter Ziff. 1, 6;
zu § 9 unter Ziff. 1;
zu § 10 unter Ziff. 8, 21;
zu § 12 unter Ziff. 1, 5, 15, 17, 20, 22;
zu § 13 unter Ziff. 1, 5, 18, 19, 22;
zu § 14 unter Ziff. 1, 2, 3, 13, 19, 22, 24.
zu § 16 unter Ziff. 1, 5;
zu § 17 unter Ziff. 1;
zu § 18 unter Ziff. 1, 13, 15, 17, 20, 29;
zu § 19 unter Ziff. 4, 24;
zu § 20 unter Ziff. 4, 17, 20;
zu § 21 unter Ziff. 2, 3, 10, 11, 19, 29, 30;
zu § 23 unter Ziff. 1, 5, 7, 9, 14, 15, 26, 28, 31, 36. —

3. Caput.

Religionsverhältnisse der Kinder aus gemischten Ehen.

§ 12. Wenn in einem giltigen Ehevertrage zwischen Aeltern, die verschiedenen Glaubensbekenntnissen zugethan sind, bestimmt worden ist, in welcher Religion die Kinder erzogen werden sollen, so hat es hiebei sein Bewenden.

§ 13. Die Giltigkeit solcher Eheverträge ist sowohl in Rücksicht ihrer Form, als der Zeit der Errichtung lediglich nach den bürgerlichen Gesetzen zu beurtheilen.

§ 14. Sind keine Ehepakten oder sonstige Verträge hierüber errichtet, oder ist in jenen über die religiöse Erziehung der Kinder nichts verordnet worden, so folgen die Söhne der Religion des Vaters; die Töchter werden in dem Glaubensbekenntnisse der Mutter erzogen.

§ 15. Uebrigens benimmt die Verschiedenheit des kirchlichen Glaubensbekenntnisses keinem der Aeltern die ihm sonst wegen der Erziehung zustehenden Rechte.

§ 16. Der Tod der Aeltern ändert nichts in den Bestimmungen der §§ 12 und 14 über die religiöse Erziehung der Kinder.

§ 17. Die Ehescheidungen oder alle sonstigen rechtsgiltigen Auflösungen der Ehe können auf die Religion der Kinder keinen Einfluß haben.

§ 18. Wenn ein das Religionsverhältniß der Kinder bestimmender Ehevertrag vorhanden ist, so bewirkt der Uebergang der Aeltern zu einem andern Glaubensbekenntnisse darin in so lange keine Veränderung, als die Ehe noch gemischt bleibt; geht aber ein Ehegatte zur Religion des andern über, und die Ehe hört dadurch auf gemischt zu sein, so folgen die Kinder der nun gleichen Religion ihrer Aeltern, ausgenommen sie waren — dem bestehenden Ehevertrage gemäß — durch die Confirmation oder Communion bereits in die Kirche einer andern Confession aufgenommen, in welchem Falle sie bis zum erlangten Unterscheidungsjahre darin zu belassen sind.

§ 19. Pflegekinder werden nach jenem Glaubensbekenntnisse erzogen, welchem sie in ihrem vorigen Stande zu folgen hatten.

§ 20. Durch Heirath legitimirte natürliche Kinder werden in Beziehung auf den Religionsunterricht ehelichen Kindern gleich geachtet.

§ 21. Die übrigen natürlichen Kinder, wenn sie von einem Vater anerkannt sind, werden in Ansehung der Religionserziehung gleichfalls wie die ehelichen behandelt, sind sie aber von dem Vater nicht anerkannt, so werden sie nach dem Glaubensbekenntnisse der Mutter erzogen.

§ 22. Findlinge und natürliche Kinder, deren Mutter unbekannt ist, folgen der Religion desjenigen, welcher das Kind aufgenommen hat, sofern er einen der öffentlich eingeführten Kirchen angehört, oder der Religionspartei des Findlingsinstituts, worin sie erzogen werden. Außer diesen Fällen richtet sich ihre Religion nach jener der Mehrheit der Einwohner des Findungsortes.

§ 23. Die geistlichen Obern, die nächsten Verwandten, die Vormünder und Pathen haben das Recht, darüber zu wachen, daß vorstehende Anordnungen befolgt werden. Sie können zu diesem Behufe die Einsicht der betreffenden Bestimmungen der Eheverträge und der übrigen auf die Religionserziehung sich beziehenden Urkunden fordern.

14.

Beilage IV zur Verfassungs-Urkunde.

Edikt, die staatsrechtlichen Verhältnisse der vormals Reichsständischen Fürsten, Grafen und Herren betr., vom 26. Mai 1818.

§ 10. Die Vormundschaften der standesherrlichen Familienglieder können von dem Haupte des Hauses bestellt werden. Ist dasselbe dabei betheiligt, und ein Vormund oder Curator von Obrigkeitswegen aufzustellen, so geschieht dieses durch das Appellationsgericht des einschlägigen Regierungsbezirkes mit Vorbehalt des Rekurses an das Oberappellationsgericht.

Die Oberaufsicht über standesherrliche Vormundschaftssachen wird dem k. Staatsministerium der Justiz vorbehalten, welches zu diesem Ende von der getroffenen Anordnung einer Vormundschaft in Kenntniß zu setzen ist.

§ 65. In allen durch gegenwärtige Verordnung nicht abgeänderten Bestimmungen bleibt es bei der königl. Deklaration vom 19. März 1807. *)

15.

Zusatz zu Titel II § 7 u. 9 der Verfassungs-Urkunde.

Königliches Familienstatut vom 5. August 1819. (R.-Bl. 1821. S. 5.)

Titel I.
Von den Personen des königlichen Hauses.

Titel II.
Von den Heirathen der Prinzen und Prinzessinen des königlichen Hauses.

Titel III.
Von den Verhandlungen über die Geburt, die Vermählungen und die Sterbfälle im königlichen Hause.

Titel IV.
Von der Aufsicht des Königs über die Prinzen und Prinzessinen des königlichen Hauses.

Titel VIII.
Von dem Privatvermögen der Glieder des königl. Hauses und der Erbfolge in dasselbe.

Titel IX.
Von der Reichsverwesung und den Vormundschaften.

§ 1. Die Volljährigkeit der Prinzen und Prinzessinen des königlichen Hauses tritt mit dem zurückgelegten 18. Jahre ein.

---

*) § 13 der Deklaration vom 19. Merz 1807 (R.-Bl. 1807. S. 472) lautet: „Alle Vormundschaften und Curatelen der mediatisirten fürstlichen und gräflichen Häuser müssen bei den einschlägigen k. Hofgerichten bestätigt werden.“ —

Vergl. G.-V.-G. v. 10. Nov. 1861, Art. 76 im II. Hefte C. 14.

§ 2. In Ansehung der Reichsverwesung kommen jene Bestimmungen in Anwendung, welche in der Verfassungsurkunde Tit. II §§ 9 bis 14 und §§ 15 bis 22 enthalten sind.

§ 3. Die Vormundschaft über die königlichen Prinzen und Prinzessinen, insoweit sie auf die Reichsverwesung sich nicht bezieht, kann durch eine väterliche Disposition besonders angeordnet werden.

In Ermangelung einer solchen Disposition gebührt der verwittweten Königin, welche in jedem Falle die Erziehung ihrer Kinder hat, die Vormundschaft über das Privatvermögen derselben während ihrer Minderjährigkeit, jedoch allzeit unter der Aufsicht des Monarchen oder des gesetzlichen Reichsverwesers, welcher das Gutachten des Regentschaftsrathes hierbei zu erholen hat. Die nämliche Aufsicht hat auch bei der durch den verstorbenen Monarchen angeordneten Vormundschaft statt.

§ 4. Sollte die verwittwete Königin vor beendigter Vormundschaft mit Tod abgehen, oder wegen eines gesetzlichen Hindernisses die Vormundschaft nicht fortführen können, so kömmt die Anordnung derselben dem nachgefolgten Monarchen oder dem jedesmaligen Reichsverweser mit Vernehmung des Regentschaftsrathes zu.

§ 5. Die Prinzessinen verbleiben unter der Kuratel des Monarchen oder des Reichsverwesers bis zu ihrer Vermählung, ohne Unterschied, ob sie bei der verwittweten Königin sich befinden, oder ein besonderes Haus für sie gebildet worden ist.

§ 6. Die Prinzen des königlichen Hauses können für die Verwaltung des Vermögens und die Erziehung ihrer minderjährigen Kinder Vormünder ernennen, diese müssen aber von dem Könige bestätigt werden.

§ 7. Wenn der Vater entweder selbst keine Vormünder ernannt hat, oder die ernannten haben die königliche Genehmigung nicht erhalten, so kömmt ihre Bestellung dem Könige zu.

§ 8. Die Vormünder müssen bei der Erziehung der Prinzen und Prinzessinen dasjenige beobachten, was Tit. IV § 1 *) deßhalb verordnet ist.

§ 9. In Ansehung der Verwaltung des Vermögens haben sie die Vorschriften der Gesetze des Königreichs zu beobachten, jedoch wird bei ihren Handlungen, wo bei Privaten die Bestätigung der Gerichte vorgeschrieben ist, die Bestätigung des Königs erfordert.

Tit. X.

Von der Gerichtsbarkeit über das königliche Haus in streitigen Fällen und von dem Familienrathe.

§ 1. — 8. —

*) Dieser § lautet: „Dem Könige als Regenten und Haupte des Hauses kömmt die Befugniß zu, Einsicht von der Erziehung aller Prinzen und Prinzessinen seines Hauses zu nehmen.“

B.

Auszüge der einschlägigen Stellen aus den übrigen Kapiteln des bayerischen Landrechts vom Jahre 1756.

Erster Theil.

Zweites Capitel. Von dem Unterschied der Rechte.

§ 17.

Collidirendes Recht oder Gesetz.

Falls einige von den obgedachten willkürlichen Rechten selbst nicht miteinander zusammenstimmen, so soll man am ersten auf die wohl hergebrachte besondere Freiheiten, sodann auf jedes Orts löbliche Gewohnheiten, Satzungen und Ordnungen, hiernächst auf die General-Lands-Statuta und endlich auf das gemeine Recht sehen. Dafern aber die Rechte, Statuten und Gewohnheiten in loco Judicii, Delicti, Rei sitae, Contractus und Domicilii unterschiedlich sind, so soll quoad formam processus auf die bei selbigem Gericht, wo die Sach rechtshängig ist, übliche Rechten, mit Bestrafung eines Verbrechens aber auf die Rechten des Orts, wo solches begangen worden, soviel hingegen die bloße Solennität einer Handlung betrifft, auf die Rechten des Orts, wo solche unter Todten oder Lebendigen gepflogen wird, in mere personalibus auf die Statuta in loco domicilii, und endlich in realibus vel mixtis auf die Rechten in loco rei sitae ohne Unterschied der Sachen, ob sie beweglich oder unbeweglich, körperlich oder unkörperlich sind, gesehen und erkannt werden. —

(Vergl. G.-O. Cap. XIV. § 7. No. 8. u. O.-A.-G.-E. v. 21. Januar 1858. Bl. f. R.-A. Bd. XXIII. S. 95.) O.-A.-G.-E. v. 14. Merz 1857. Bl. R.-A. XXIV. 253.

Drittes Capitel.

§ 2.

Von dem unterschiedlichen Stande der Menschen und zwar dem natürlichen.

Nach dem natürlichen Zustand, worin sich die Menschen von Natur ohne weiteres Zuthun befinden, (Statu naturali) sind 1mo dieselben männlich oder weiblichen Geschlechts. Keines von beiden hat vor dem anderen Geschlecht einen Vorzug, außer deren in denen Rechten besonders ausgedruckten Fällen. Hermophroditen werden 2do dem Geschlecht beigezählt, welches nach Rath und Meinung deren Verständigen vordringt, falls sich aber die Gleichheit hierin bezeigt, sollen sie selbst eines erwählen, und von dem Erwählten sub Poena Falsi nicht abweichen. Ungeborne oder in Mutterleib liegende (Embriones, spes Animantis, Posthumi) werden 3tio für geborne geachtet, wenn es ihr Nutzen also erfordert, und die lebendige Geburt wirklich darauf erfolgt, man soll auch gegen die Mutter nichts verhängen, was der Leibesfrucht Schaden bringen kann. Geborne, welche den Rechten theilhaftig werden sollen, müssen 4to in menschlicher Gestalt zur Welt kommen, in Zweifel aber, ob sie lebendig oder todt geboren, ist regulariter darauf zu sehen, ob die Geburt vollkommen, von einer gesunden Mutter, und zu rechter Zeit geschehen sei. Bei diesen Umständen wird vermuthet, daß das Kind gelebt habe, sonst aber nicht, so lange das Gegentheil nicht erwiesen ist. 5to Sind die Mißgeburten, welche mehr viehisches als menschliches Wesen an sich haben, und keine genugsame Merkmale von menschlicher Natur blicken lassen, den Rechten zwar nicht theilhaftig, sollen aber gleichwohl ohne Vorwissen der Obrigkeit und Rath der Verständigen bei Vermeidung des Puncto Homicidii auf sich ladenden schweren Verdachts eigenmächtiger Weise nicht getödtet oder auf die Seite geräumt werden. Eheliche Geburten werden 6to allein für echt- und rechtmäßig, alle übrigen aber für unecht geachtet, und sind diese letzteren dreierlei Gattung, nemlich für's erste Naturales illegitimi, welche von zwei ledigen Personen erzeugt sind, die zur Zeit der Erzeugung einander hätten heirathen können, zweitens Spurii et vulgo quaesiti, welche zwar von zwei ledigen und solchen Personen, die damalen einander hätten heirathen mögen, jedoch von einer in offen und gemeiner Unzucht lebender Mutter erzeugt sind, drittens illegitimi ex damnato Coitu, das ist, von solchen Personen erzeugte Kinder, welche zur Zeit verübter Leichtfertigkeit nicht einander ehelichen können. Findelkinder haltet man 7mo in Zweifel für ehelich Geborne, desgleichen 8vo alle jene, welche zwar aus ungiltiger Ehe, jedoch wenigstens von einem Theile bona fide erzeugt sind, so viel nemlich das Commodum dergleichen Kindern und des unschuldigen Theils betrifft. Dahingegen zählt man 9no den Unehelichen bei, welche die Frau nicht in rechter Zeit, sondern von dem Tag an, da ihr Mann stirbt, oder derselben sonst erweislichermaßen nicht mehr beiwohnt, erst über den Anfang des eilften Monates, das ist, nach dem 302ten Tag gebährt, und die nemliche Beschaffenheit hat es mit der Geburt, welche vor rechter Zeit, und zwar vor Anfang des siebenten Monates, das ist, vor dem 182ften Tag, von der Zeit der Copulation an gerechnet, zur Welt kommt, welches Alles sich jedoch 10mo allezeit nur von Ordinari und solchen Geburten verstehet, die nichts außerordentliches gegen den Lauf der Natur an sich haben, denn bei diesen wird eben auf keine gewisse Zeit gesehen. 11mo. Unter die mangelhaften Personen, welche ihrer Leibs- oder Gemüthsgebrechen halber besondere Rechte zu genießen haben, gehören insonderheit Blinde, Stumme, Taube, Blöd- und Unsinnige, wie auch Unmündige, Unvogtbare, oder Minderjährige, wovon das mehrere in Cap. seq. 7.

§ 4.

Actio Status praejudicialis.

Klagen, wodurch man den angeblichen Stand gegen andere zu behaupten oder zu widersprechen sucht, werden 1mo Actiones praejudiciales genannt, und weder denen Actionibus Personalibus noch Realibus beigezählt, greifen aber 2do gestalten Dingen nach sowohl in Petitorio als Possessorio Platz, gehören auch 3tio wie alle anderen Klagen ohne Ausnahme für die ordentliche Obrigkeit, und wenn sie 4to principaliter alldort angebracht sind, so soll man quaestionem Status zuförderst ausmachen, ehe man zur Verhandlung deren daraus fließenden Rechten schreitet. Kommen sie aber 5to nur incidenter mit vor, so soll man sie zugleich nebst dem Haupt=Punkt oder doch soviel möglich und thunlich, summarie verhandeln. 6to. Haben selbe nach Absterben desjenigen, welchem quaestio Status gemacht wird, länger nicht als fünf Jahre von Zeit des Todes noch statt, außer da sie entweder schon vor dem Tod bei der Behörde angebracht worden, oder es hierunter mehr um die Verbesserung als Verschlimmerung des in Lebzeiten geführten Standes zu thun ist. 7mo. Muß der angebliche Stand von dem, der sich darauf beziehet, erwiesen werden, sofern er nicht entweder Praesumptionem Juris vor sich hat, oder für denjenigen, wofür er sich angibt, schon vorhin allenthalben geachtet worden, mithin in Possessione praesenti Status ist, bei welcher probter Possession 8vo jeder solang beschützt werden soll, bis der Gegentheil gleichwohl in Petitorio ein anderes ausführt.

Viertes Kapitel.

Von dem Haus= oder Familienstand.

§ 3.

Von Eltern und Kindern.

Die Eltern sollen 1mo ihre Kinder christlich und ehrlich zum Dienst Gottes und des gemeinen Wesens erziehen, mögen sie auch hierunter nöthigen Zwangs und allenfallsiger Züchtigung mit Vernunft selbe und Mäßigkeit gegen sie gebrauchen, und falls dieselbe in Ungehorsam entlaufen, oder von anderen widerrechtlich vorenthalten werden, solche allenthalben zurückfordern, wie nicht weniger die boshaften Verführer um den dadurch verursachten Schaden und verdiente Straf gerichtlich belangen. Dahingegen sind die Kinder 2do ihren Eltern nicht nur zu gebührenden Gehorsam, Ehrfurcht und Dankbarkeit, sondern auch so lang sie den Unterhalt von ihnen genießen, zur gewöhnlichen und anständigen Dienstleistung verbunden, ohne daß sie dieserwegen eine besondere Belohnung zu fordern hätten, ausgenommen, wenn ihnen für ihre Mühe, Dienst und Arbeit ausdrücklich etwas bedungen worden. Der Gebrauch, nach welchem 3tio die Kinder ihre Eltern ohne vorgängiger Erlaubniß nicht vor Gericht laden dürfen, ist zwar wol den Römischen, nicht aber den Teutschen Rechten und dem Landesgebrauche gemäß. Gleichwie im übrigen 4to unter den Kindern nicht nur Söhne und Töchter, sondern auch Enkel und alle übrigen Descendenten in gerade absteigender

Linie, sowohl aus ehelicher als unehelicher Geburt, soweit nicht etwa durch Spezialverordnungen ein gewisses Ziel hierin gesetzt ist, gemeiniglich verstanden sind, also auch und in dem nemlichen Maße werden unter dem Namen der Eltern alle Ascendenten in gerade aufsteigender Linie sowohl väterlicher als mütterlicher Seits begriffen, wobei jedoch 5to der Vater in der Concurrenz regulariter denen andern vorgezogen wird. Die Rechte und Pflichten, welche von der väterlichen Gewalt allein abhängen, und andern Eltern nicht gemein sind, siehe mit mehreren Cap. V et sequ.

§ 7.

Von Alimentation und Unterhaltung der Eltern und Kinder.

Eine der vornehmsten Pflichten und Obliegenheiten, welche von obengedachten Personen zu beobachten kommen, ist die Verschaffung des nöthigen Unterhaltes, und zwar folgendermaßen. 1mo. Sind leibliche Eltern, zuförderst aber der Vater, sodann die Mutter, hernach die Ascendenten von väterlicher und endlich die von mütterlicher Seite hierzu verbunden. Dafern 2do von allen diesen Personen Niemand mehr vorhanden oder vermöglich ist, so fällt die Bürde des Unterhaltes auf die leiblichen Kinder und Descendenten mit Beobachtung der in Successione üblichen Ordnung. Bruder und Schwester sind 3tio ohne Unterschied, ob sie von einem oder zweien Banden, niemals hiezu verbunden, viel weniger mögen 4to weitere Bluts-Befreundete oder Verschwägerte von Rechtswegen dahin angehalten werden, wo nicht besondere Geding- oder Verordnungen hierinfalls obwalten. 5to. Werden unter obgedachten Eltern und Kindern nicht nur Eheliche, sondern auch Uneheliche, ja sogar die von verdammter Geburt in diesem Stück verstanden, wenn man nur der Ankunft halber bei ihnen genugsam versichert ist. Wer sich 6to durch eigene Mittel, Dienst und Arbeit selbst ernähren kann, oder sich durch liederliche Hauswirthschaft und eigenes Verschulden in Armuth und Unvermögenheit stürzt, der kann den Unterhalt von andern nicht fordern, viel weniger mag solcher 7mo von jenen gefordert werden, welche an eigener Nahrung Abbruch leiden. Die Art und Weise oder das quantum Alimentationis soll man 8vo theils nach Stand und Nothdurft des Alimentantens ermäßigen, und hierinfalls 9no nicht nur auf Anrufen, sondern auch gestalten Dingen nach von Amtswegen verfahren, und hat in denen zur Alimentation gewidmeten Sachen weder Exekution noch Arrest oder Retention Platz. 10mo. Sobald die Nothdurft aufhört, sobald hört auch das Onus Alimentationis wiederum auf. Undankbarkeit halber wird man 11mo des Unterhalts verlustig, wenn solche so groß ist, daß derwegen die Enterbung Platz greifen kann. Durch die bloße Emancipation oder Absonderung von väterlicher Haushaltung aber gehet dieses Recht 12mo niemals verloren, sondern bleibt ungeachtet dessen auf den Nothfall allezeit noch bevor. Was man endlich 13tio von Unterhaltswegen indebite geleistet hat, das mag auch von dem, der es entweder indebite empfangen, oder es von Rechtswegen zu leisten gehabt hätte, wiederum begehrt werden, und wird eine Schenkung hierinfalls von Niemand vermuthet, sondern muß bewiesen werden. Von Alimentation deren Eheleuten siehe sequ. 6. § 12. n. 7.

§ 8.

Von Veränderung des Familienstandes.

Nicht nur durch den natürlichen, sondern auch durch den bürgerlichen Tod, das ist, durch die Reichs-Acht, oder durch Verdammung zur ewigen Gefängniß gehen 1mo alle Jura Familiae, Cognationis, Agnationis, Affinitatis, so viel den Nutzen und das Commodum des Geächteten oder ad carceres perpetuos Condemnirten betrifft, verloren.

Die Schwagerschaft wird 2do durch den Tod des Ehe-Gemächts zwar wohl nach weltlichen nicht aber nach geistlichem Rechte aufgehoben. 3tio verändern die Dienstboten ihren Stand, wenn sie auf gebräuchliche Art aus dem Dienste treten, die Kinder aber, wenn sie 4to nicht mehr in der Eltern Pflege und Unterhalt stehen, sondern sich von ihnen absondern, woran man selbe auch nach erlangtem 25. Jahre ohne sonders erheblicher Ursache nicht abhalten soll.

§ 9.

De quaestione Status Familiae et Actione praejudiciali.

Wenn die Frage de Statu Familiae ist, und sich z. B. Jemand für Vater, Sohn, Geschwister, Bluts-Befreundete, und dergleichen angiebt, so soll man 1mo hierunter all jenes beobachten, was oben Cap. 3. § 4 de Actione praejudiciali überhaupt verordnet worden. Insonderheit aber ist 2do in Quaestione Paternitatis vel Filiationis zu merken, daß die von der Ehefrau in rechter Zeit gebornen Kinder allemal dem Ehemanne beigemessen werden, es sei denn das Widerspiel durch allzulang andauernde beständige Abwesenheit oder impotenz und andere dergleichen augenscheinliche Proben (per Evidentiam Facti) vollkommen dargelegt. Ohne solcher Probe schadet 3tio dem Kind keineswegs, wenn etwa die Mutter selbst eingestehet, daß dasselbe nicht von ihrem Ehemanne, sondern von einem andern erzeugt sei, denn dieses Geständniß ist nur der Mutter allein soweit nachtheilig, daß sie des gestandenen Verbrechens willen zur Straf und Abthuung alles daraus erfolgenden Schadens aus eigenen Mitteln angehalten werden kann. Bei unehelichen Kindern wird 4to derjenige, welcher sich zu dem mit ihrer Mutter gepflogenen Beischlaf bekennt, oder dessen sonst genugsam überwiesen ist, so lang für den Vater geachtet, bis er das Gegentheil darthun, oder wenigstens so viel zeigen kann, daß die Mutter auch anderen in Unehren fleischlich beigehalten habe, welch letzteren Falles derselbe zwar von der Paternität losgesprochen, hingegen aber des einbekannten oder erprobten Beischlafs halber nicht nur gestraft, sondern auch in die Alimentation des Kindes zum Theil oder ganz condemnirt wird. Die blose Anzeige der in Unehren geschwängerten Mutter ist 5to niemalen eine hinlängliche Probe gegen den angeblichen Vater, soferne solche nicht durch andere glaubwürdige und unwiderlegte Indicia unterstützt ist, und obwohl 6to die Mutter an sich selbst denen Rechten nach für gewiß geachtet wird, so muß doch auf allenfälligen Widerspruch die Geburt und wirkliche Niederkunft bewiesen sein, sofern man nicht durch die Possessionem Filiationis von dieser Prob befreit ist, denn in diesem Falle liegt demjenigen, welcher die Geburt wiederspricht, der rechtliche Beweis ob, daß das angegebene Kind unterschoben, oder von einer andern Mutter sei. Im übrigen greifen 7mo bei Erprobung der Paternität, Filiation, Verwandtschaft oder Schwägerschaft nicht nur alle ordinari Probmittel Platz, sondern es lassen sich auch hierin mehr unvollkommene Proben zu Bewirkung eines ganzen und vollkommenen Beweises vereinigen, nur werden sowohl Befreundete als Hausgenossen, ja sogar von Hörensagen deponirende Zeugen gestalten Umständen nach für hinlänglich geachtet: Dafern endlich 8vo jetztbemeldete quaestio Status zwischen solchen Personen obwaltet, welche vermöge vorgehenden 6ten § den Unterhalt einander zu reichen verbunden sind, so soll bis zu gänzlichem Austrag der Sache einstweilen auf die Alimenten, jedoch andergestalt nicht, als nach Maß und Ordnung bemeldeten § provisorio modo gesprochen werden

§ 10.

De Inspectione et custodia Ventris.

Wenn die Frau nach ihres Mannes Tod oder vorgenommener Ehescheidung schwanger von ihm zu sein vorgibt, oder vermuthet wird, so mag 1mo derselbe oder seine nächsten Befreundeten, welchen am meisten daran liegt, zur Sicherheit begehren, daß man sie wenigstens durch eine geschworene Hebamme und unpartheische zwei Frauen besichtige, und da sich 2do die Schwangerschaft bezeigt oder von der Frau mit dem Juramento Credulitatis erhärtet wird, so mögen Jene Costodiam Ventris, das ist, ein oder zwei ehrbare Frauen bestellen, welche nicht nur bis zur gewöhnlichen Niederkunftszeit beständig bei ihr verbleiben, und gute Obsicht auf sie tragen, sondern auch der Niederkunft persönlich beiwohnen, und obrigkeitlich darauf verpflichtet werden sollen. Bis dahin hat auch 3tio die Frau den gebührenden Unterhalt aus des Mannes Vermögen, oder der quaestionirten Verlassenschaft zu empfangen, und wenn 4to die Geburt innerhalb der oben Cap. 3. § 2. n. 9 vorgeschriebenen Zeit und Maß ordentlich geschiehet, so wird das Kind für rechtmäßig geachtet, so lange nicht das Wiederspiel nach Ausweis § praeced. 9. n. 2. erwiesen werden kann. Bezeigt sich nun 5to die Frau hierin wiederspenstig, und will erwähnte inspectionem vel custodiam nicht zugeben, so ist man zwar weder zu ihrem Unterhalte, noch zu Agnoscirung des Kindes denen gemeinen Rechten nach, verbunden, damit aber gleichwohl 6to das letztere unschuldiger Weis nicht hierunter zu leiden komme, so soll man solchenfalls demselben einen Curatorem bestellen, welcher der Geburt halber behörige Vorsorg gebrauche, und sofern es nöthig, die wiederspenstige und verdächtige Mutter bis zur Niederkunft entweder verwachten oder gestalten Dingen nach mittels obrigkeitlicher Hilfe gar in engem, bürgerlichen Arrest bringen lassen. Immassen 7mo dem Kind auf den Fall, wenn zu ihrem Schaden etwas hierin verabsäumt oder begangen wird, nicht nur der Regreß gegen die Mutter oder bemeldten Curatorem, sondern auch der Beweis, daß die Geburt in rechter Zeit wirklich geschehen sei, gegen den Vater oder die Befreundeten allezeit noch bevorsteht, wohingegen 8vo auch diesen, wenn sie obberührte Inspection oder Custodiam Ventris nicht begehrt haben, die Ausführung aller rechtmäßigen Einwendungen gegen die Geburt nicht weniger vorbehalten bleibt. Im übrigen ist zwar 9no hiesigen Lands-Gebrauch nach die Frau weder zur Verkündigung der Schwangerschaft in gewisser Zeit, noch zur Beobachtung aller in denen gemeinen Rechten vorgeschrieben Praecautionen und Solennitäten verbunden, doch ist rathsam, daß sie zur Verhütung alles Streites sich während der Schwangerschaft, so viel immer möglich, außer billigen Verdacht und Argwohn zu halten suche. Wie und auf was Weis aber endlich auch die Unterschiebung fremder Geburt zu bestrafen sei, siehe Cod. Crim. P. I. Cap. 9. § 2. Desgleichen siehe von der Missione Ventris in Possessionem Haereditatis unterm P. 3. Cap. 1. § 12.

Fünftes Capitel.

Von väterlicher Gewalt.

(Patria Potestate.)

§ 1.

Was sie sei? wem selbe gebühre, und wie sie erlangt werde?

Die väterliche Gewalt ist eine Herrschaft, welche den Vater über seine Kinder den Rechten gemäß auszuüben hat. Sie gebührt nur dem Vater allein, nicht aber der Mutter, oder anderen, und erstrecket sich über alle Descendenten, sowohl in erster, als zweiter und weiterer Generation, so lange die von der ersten selbst noch nicht aus sothaner Gewalt getreten und sui Juris worden sind; es wird auch dieselbe nicht nur durch die Ehe, sondern auch in gewissem Maße durch die Legitimation oder Adoption erlangt. Von der Ehe siehe Cap. seq. 6. Von der Legitimation aber §. seq. 8. und von der Adoption § seq. 10 u. 11.

§ 2.

Wirkung derselben.

Die väterliche Gewalt äußert sich 1mo unter anderen noch meistentheils bei dem Vermögen deren Kindern (Peculio Liberorum) wovon §phis seq. 3. 4. 5. 6. das mehrere zu ersehen ist. Aller übrigen Rechte und Pflichten halber, welche dem Vater 2do entweder mit anderen Eltern gemein, oder in Kraft der väterlichen Gewalt besonders zuständig sind, beziehet man sich auf das, was anderwärts sowohl in gegenwärtigen Cod. civil. als Judic. et Crimin. behöriger Orten angeregt ist. So viel 3tio das alte sogenannte Dominium Quiritarium belangt, Kraft dessen die Kinder dem Vater sowohl ihrer Güter, als Person halber wie Knecht und Leibeigene unterworfen waren, mithin für sich weder etwas thun, noch erlangen, und im Nothfall gar verkauft, hingelegt, oder um verübter Missethaten halber getödtet werden konnten, ist solch alles nicht mehr in Uebung. Desgleichen obschon 4to nach Römischen Rechten Vater und Kinder dergestalt für eine Person geachtet werden, des zwischen ihnen weder eine Schankung, noch Contract, Process, oder andere Handlung Platz greifet, so ist doch solches ebenfalls nicht mehr in Gebrauch, sondern es stehet ihnen miteinander zu handeln und zu wandeln eben so, wie anderen, frei, wenn nur die Kinder bei vollen Jahren oder während der Minderjährigkeit mit einem Curatore ad Actum specialem versehen sind.

§ 3.

Peculium Profectitium.

Das Vermögen eines unter väterlicher Gewalt stehenden Kindes heißt Peculium und zwar Profectitium, wenn solches von dem Vater selbst oder wenigstens in Ansehung seiner von andern herrührt. Es gebührt dem Kinde hierauf 1mo nichts, als die bloße Verwaltung, so lange als dem Vater gefällig ist, denn er bleibt nicht nur Inhaber und Nutznießer, sondern auch Eigenthümer davon, und wenn solches auf oder abnimmt, so wachset ihm dieses auch zu und ab. Um die von dem Kinde bona fide hierauf gemachten Schulden haftet zwar 2do der Vater den Creditoribus, jedoch nur pro Quantitate Peculii und länger nicht als ein Jahr von der Zeit an, da die Verwaltung dem Kinde wiederum abgenommen worden. Nach Erlöschung der väterlichen Gewalt hört zwar auch 3tio das Peculium auf, wenn aber der Vater solches nicht zurücknimmt, so bleibt es dem Kinde sodann eigenthümlich, und unwiderruflich. 4to. Wird das Peculium in Zweifel allezeit mehr pro Profectitio gehalten, wenn man nicht weiß, wie und woher solches überkommen worden.

§ 4.

Peculium Castrense vel quasi.

Peculium Castrense wird genannt, was die Kinder durch Kriegsdienste directe oder indirecte erwerben, quasi Castrense aber, was ihnen durch Bekleidung anderer Aemter oder durch Uebung freier Künste und Wissenschaften zugehet. Sowohl im einen als anderen werden sie den Hausvätern und Personis sui Suris durchgehends gleich geschätzt, und hat der Vater hierin gar nichts zu sagen, außer wenn die Kinder noch minderjährig oder curatelmäßig sind, welchenfalls ihm die Administration dieser Güter bis zu erlangter Majorennität gebührt.

§ 5.

Peculium Adventitium Regulare et Ordinarium.

Auf dem Peculio Adventitio Regulari, welches nemlich die Kinder weder von dem Vater noch in Ansehen seiner von anderen, und ebensowenig auch im Kriege, oder durch andere Dienste, freie Künste und Wissenschaften, sondern nur in anderweg durch Schenkungen, Vermächtniß, Erbschaft, Glücksfälle, oder sonst eigenen Fleiß, Arbeit und Gewerb erobert haben, stehet ihnen zwar 1mo das Eigenthum, dem Vater aber sowohl die Administration als Nutznießung zu, welche jedoch 2do nach Erlöschung der väterlichen Gewalt auch wiederum aufhört, ausgenommen so viel 3tio das dem Kinde mütterlicher Seits angefallene Gut betrifft, denn darin ist nach hiesigen Landrechten zwischen Siegelmäßigen und anderen ein Unterschied zu machen. Der letzteren halber bleibt es in diesem Stücke bei obgedachter Regel, dergestalt, daß sie auch für die Emancipation des Kindes nichts mehr zu fordern haben, Jene hingegen haben verstandenes Muttergut auch nach aufgehobener väterlicher Gewalt noch lebenslänglich zu genießen, sind aber anbei das Kind mit Aussteuerung und sonst dergestalt zu versehen schuldig, wie es einem Vater gebührt. Damit es auch 4to mehr berührten Mutter-Guts halber destoweniger Irrung gebe, soll solches nach der Mutter Tod längst inner einem Jahre bei willkührlicher Strafe von Siegelmäßigen Vätern in Beisein der Verwandten, von Unsiegelmäßigen aber vor ihr oder ihrer Kinder ordentlicher Obrigkeit gebührend ausgezeigt, und in Richtigkeit gebracht, auch bei verspürender Nachlässigkeit von der Obrigkeit ex officio hierinfalls vorgegriffen worden. 5to. Laßt man es sowohl des väterlichen, als mütterlichen Usus fructus halber in Bonis liberorum, ohne Unterschied zwischen Siegelmäßigen und anderen, bei dem oberpfälzischen Landrecht p. 317 so viel dieselbigen Lande betrifft, noch ferner bewenden.

§ 6.

Peculium Adventitium irregulare et extraordinarium.

Mit dem Peculio Adventitio Irregulari wird es durchaus wie mit obberührten Castrensi vel quasi gehalten, es gehören aber nur folgende Fälle hieher, wenn nämlich das Kind 1mo von andern unter ausdrücklichen Beding, daß der Vater die Nutznießung nicht haben soll, etwas überkommt, 2do eine Verlassenschaft oder sonst etwas gegen väterlichen Willen an sich bringt, 3tio einem Geschwister nebst dem Vater succedirt, 4to entweder von der Landesherrschaft oder anderer fürstlicher Personen beschenkt wird, endlich 5to wenn sich der Vater selbst ausdrücklich oder durch langen Nichtgebrauch seines Rechtes hierin begibt.

§ 7.

Wie die väterliche Gewalt aufhört.

Die väterliche Gewalt hört auf 1mo nicht nur durch natürlichen, sondern auch durch den bürgerlichen Tod des Vaters oder Kindes, 2do durch schweren Mißbrauch der väterlichen Gewalt z. B. durch Grausamkeit, Exposition und Hinlegung der Kinder, item durch derselben Verkuppelung oder Verführung und dergleichen, 3tio durch die Entlassung (Emancipationem), welche jedoch von siegelmäßigen Personen schriftlich unter eigener Fertigung, von Unsiegelmäßigen aber vor ordentlicher Obrigkeit declarirt werden soll, 4to wenn die Kinder sich von väterlicher Haushaltung soweit absondern, daß sie dem Vater nicht mehr auf dem Brod und Unterhalt stehen, woran sie auch nach erlangtem 25. Jahre von den Eltern ohne sonders erheblicher und allenfalls von der Obrigkeit zu ermessender Ursache nicht abgehalten werden sollen. 5to. Hebt zwar auch die wirkliche Raths- und andere derselben gleichkommende oder noch höhere Dignität die väterliche Gewalt ebenfalls auf, wenn anders obgedachte Obsonderung dazu kommt, außer dessen ist sie so wenig als die Verehelichung allein zu diesem Effect hinlänglich, sobald aber 6to die Kinder auf obige Weise einmal aus der väterlichen Gewalt getreten und sui juris worden sind, verbleiben auch ihre Kinder nicht mehr in des Großvaters Gewalt, sondern treten allsogleich in die Gewalt ihres Vaters ein, und kann im übrigen auch 7mo die einmal erloschene väterliche Gewalt weiter nicht mehr reviviscíren.

§ 8.

Von der Legitimation und zwar per subsequens Matrimonium.

Die Legitimation eines unehelichen Kindes wird nur durch landesherrliche Verordnung, oder durch die von dem Vater mit des unehelichen Kindes leiblicher Mutter geschehener Verehelichung bewirkt.

Von der Legitimation erster Gattung siehe folgenden neunten §. Zu der andern wird nicht nur 1mo eine giltige und rechtsbeständige, mittelst priesterlicher Einsegnung wirklich geschlossene, obschon durch den Beischlaf noch nicht vollzogene Ehe, sondern auch 2do die Einwilligung des dadurch zu legitimirenden Kindes erfordert, welche jedoch so lang vermuthet wird, bis der Widerspruch genugsam erwiesen ist. 3tio. Werden auf solche Weise nur die sogenannten Naturales illegitimi, nicht aber Spurii, viel weniger die ex Coitu damnato, ungeachtet erfolgter Dispensation legitimirt. 4to. Wirkt diese Legitimation so viel, daß das legitimirte Kind nicht nur unter väterlicher Gewalt kommt, sondern auch in allen übrigen Stücken, wo keine besondere Ausnahme gemacht ist, denen ehelichen Kindern regulariter gleich geschätzt wird, und zwar 4to nicht erst vorwärts von Zeit geschehener Verehelichung, sondern rückwärts von Zeit ihrer Geburt an. Im Fall auch 5to das uneheliche mit Hinterlassung eines andern unehelichen Kindes bereits verstorben wäre, so wird der Enkel durch die Heirath des Großvaters im obigen Maße nicht legitimirt.

§ 9.

Von der Legitimation per Rescriptum Principis.

Durch landesherrliche Verordnung werden 1mo unächte Kinder theils unmittelbar, theils mittelbar durch Comites Palatinos *) nach Maßgab Cod. Jud. Cap. 2. § 7. legitimirt, und ist die Wirkung sothaner Legitimation 2do daß die Geburtsflecken dadurch getilgt wird, folglich dem Legitimato weder ein Vorwurf deshalb gemacht, noch derselbe von Ehrenämtern, Zünften und Handwerken ausgeschlossen werden mag. Die väterliche Gewalt aber wird dadurch andergestalt nicht, als unter folgenden vier Requisitis erlangt, nemlich wenn der Vater selbst um die Legitimation ansucht, annebens kein anderes eheliches Kind hat, sich auch mit der Mutter eines obwaltenden rechtlichen Impedimenti, oder weil sie schon todt ist, nicht mehr verehelichen kann, und hiernächst der Legitimandus seines Orts einstimmig ist, welch Letzteres jedoch bis auf gegentheilige Prob allzeit vermuthet wird. Wie weit nun 4to gegenwärtige Legitimation die Successions- **) und andere Rechte nach sich ziehe, kommt anderwärts mit mehreren vor.

---

*) Mit dem Aufhören der Comites Palatini ist auch die Legitimation durch dieselben erloschen.

**) Vgl. Landr. Thl. III. Cap. 12. § 2. no. 11.

§ 10.

De Arrogatine.

Die Wahlkindschaft (Adoptio) pflegt 1mo in Arrogationem et Adoptionem in specie getheilt zu werden. Jene ist, da man Personam sui Juris an Kindesstatt annimmt, wozu aber folgendes erforderlich sein will. Es muß nemlich 2do der Wahlvater (Arrogans) von Natur zum Heiraten zwar nicht untüchtig, jedoch ohne Kind und männlichen Geschlechtes, auch bereits im 60sten Jahr seines Alters, oder da die Obrigkeit hierinfalls dispensirt, wenigst über 18 Jahr und zwar allemal älter als das Wahlkind oder Arrogatus sein. 3^{tio}. Ist sowohl jeztgedachten Arrogati ausdrückliche Einwilligung als auch die Confirmation jener Obrigkeit, worunter entweder der Wahlvater oder das Wahlkind seiner Person halber zu stehen hat, vonnöthen. 4to. Wird bei Arrogirung minderjähriger Personen über all Obiges nicht nur des Curatoris Consens, sondern auch eine vorläufige obrigkeitliche Untersuchung über die Nutzbarkeit sothaner Handlung, wie nicht weniger von Seiten des Wahlvaters eine hinlängliche Versicherung erfordert, daß wenn Arrogatus in der Minderjährigkeit ohne giltiges Testament verstirbt, seine Verlassenschaft an die Erben ab intestato ausgefolgt werde. 5to. Mögen uneheliche Kinder von ihrem leiblichen Vater nicht arrogirt werden, so lang er die väterliche Gewalt auf andere Art über sie erlangen kann. 6to Mag auch kein Vormund oder Curator sein Pflegkind ohne vorgängiger Rechnungsrichtigkeit und Bestellung anderer Vormünder auf obige Weis arrogiren. 7mo. Tritt Arrogatus mittels solcher Wahlkindschaft unter die väterliche Gewalt, und wird aller Pflichten oder Rechten, wie andere rechtmäßig-natürliche Kinder theilhaftig, außer die von natürlicher Blutsverwandtschaft allein abhangende Rechten (Jura Sanguinis) betrifft. 8vo Greift die Emancipation des Wahlkinds gegen Aushändigung des eingebrachten Vermögens zwar Platz, wenn es aber ohne genugsam und allenfalls von der Obrigkeit zu ermessender Ursach geschiehet, so ist der Wahl-Vater nicht nur zu obiger Extradition verbunden, sondern er muß auch von seinem eigenen Vermögen den vierten Theil an Arrogatum ausfolgen lassen.

§ 11.

Adoptio in specie.

Wenn man Personam alieni juris, welche noch unter väterlicher Gewalt stehet, sowohl mit ihr als ihres Vaters Bewilligung an Kindesstatt annimmt, so wird es Adoptio in specie benamset, und zwar plena, wenn dieses von des Adoptati leiblichen Großeltern geschiehet, sonst aber minus plena. In beeden hat all jenes statt, was §. praeced. 10. no. 2. 3. 5 versehen ist, ausgenommen, daß minus plena auch von Weibspersonen vorgenommen werden kann. Die erste ist desto stärker, weil Adoptatus nicht nur des Adoptantens väterlicher Gewalt unterworfen wird, sondern auch Jura sanguinis et Cognationis partizipirt. Durch die Adoptionem minus plenam aber wird die väterliche Gewalt von des Adoptati Vatern auf den Adoptanten nicht transferirt, und hat mithin auch dieselbe keine andere Wirkung, als daß das

Wahlkind dem Wahlvater, wie andere leibliche und rechtmäßige Kinder, ab Intestato succedirt. —

§ 12.

Von der Einkindschaft oder Unioneprolium.

Wenn aus unterschiedlichen Ehen erzeugte Kinder durch beiderseitiges Einverständniß ihrer Eltern der Erbfolg halber dergestalt vereiniget werden, als wären sie alle aus einerlei Ehe erzeugt worden, so heißt es eine Einkindschaft, welche, gleichwie sie in hiesigen Landen bisher ganz unbekannt und ungebräuchlich gewesen, also auch in Zukunft um Vermeidung der hieraus besorglichen Streitigkeiten nicht eingeführt werden soll. So viel aber die Oberpfälzischen Lande betrifft, hat es in diesem Stücke bei dortigem Landesgebrauche und den Statutis pag. 250 noch ferner sein ungeändertes Verbleiben.

Sechstes Capitel.

Von dem Ehestand (Matrimonio.)

§ 4.

Von dem Consens der Eltern, Vormünder und Obrigkeiten.*)

Eheverlöbnisse und Verehelichungen, welche mit Umgehung der Eltern, Vormünder und Obrigkeiten geschehen, sind zwar 1mo an sich nicht ungiltig, laufen aber gleichwohl gegen die Ehrbarkeit, werden daher nach hiesigem Landrechte mit verschiedenen Strafen belegt, und zwar so viel 2do die Kinder belangt, ist darauf zu sehen, ob sie sich ohne Consens der leiblichen Eltern ihrem Stande gemäß verehelichen oder nicht. Letztenfalls sind ihnen dieselben in Lebzeit weder Heyrathgut, noch Fertigung und Heimsteuer, oder andere Hilfe schuldig, nach ihrem Tode aber erbt zwar der Sohn bei ermangelnder Disposition mit andern Kindern gleich, die Tochter hingegen bekommt nur die Hälfte dessen, was ihr sonst von dem väterlichen oder mütterlichen Gut zugekommen wäre, oder da sie eine verzichene Tochter ist, die Hälfte dessen, was eine von denen verzichenen Töchtern am wenigsten erhalten hat, und fällt der Ueberrest anderen Geschwistern, oder nächsten Versippten zu. Thäte sich aber 3tio ein Kind auf solche Weise nicht nur an eine dem Stand und Herkommen nach ungleiche, sondern etwa gar an eine schlechte, leichtfertige oder verleumdete Person verehelichen, so mag selbes von den präterirten Eltern gar enterbt werden, oder da die Enterbung nicht geschiehet, so bekommt doch das Kind ein mehreres nicht, als die Hälfte der Nothgebühr, soferne die Eltern nicht ausdrücklich ein anderes verordnen. Bei standesmäßigen Heyrathen können zwar 4to die Kinder von den umgangenen Eltern bei Lebzeiten weder Heirathgut, noch Förderung oder Heimsteuer mit Recht fordern, alle übrigen obbenannten Strafen aber greifen solchenfalls nicht Platz. Das nämliche was 5to von Vater und Mutter hiemit geordnet ist, verstehet sich auch von Ahn-Herren und Ahnfrauen, wenn jene nicht mehr bei Leben sind. Es wird hiernächst 6to zu obigen Strafen erfordert, daß die Kinder

*) S. oben Ziff. 1. 2.

noch unter väterlicher Gewalt, oder in der Eltern Pflegunterhalt stehen, annebens der Sohn das 30ste, die Tochter aber das 25ste Jahr noch nicht erfüllet habe, und endlich auch denselbigen unter solchen Jahren von ihren Eltern bereits eine andere anständige Heirath angetragen, oder wenigstens kein Hinderniß daran im Wege gelegt worden sei. Vormünder oder nächste Befreundete sollen zwar 7mo ihre Pflege-Kinder, Verwandte oder Anbefohlene von guten, standesmäßigen und ehrlichen Heyrathen nicht abhalten, diese hingegen, wenn sie das 21ste Jahr und so viel die Weibspersonen betrifft, das 25ste Jahr noch nicht erfüllet haben, ohne derselben Wissen, Willen und Rath sich nicht verehelichen, außer dessen die ersteren mit Gefängniß, oder in anderweg, die letzteren hingegen, welche sich solchermaßen an Mannspersonen und ungleichen Stand verehelichen, mit dem Verlust des vierten, oder sofern es gar eine schlechte, leichtfertige, oder verleumdete Person wäre, des dritten Theils ihres väterlichen oder mütterlichen Erbes gestraft werden, es wäre denn kein Befreundeter mehr am Leben, welchem diese verwirkte Portion von Rechtswegen zufallen könnte. Ihro Churfürstliche Durchlaucht gedenken auch 8vo in Conformität der erklärten Landesfreiheit P. 3. Art. 11 keine Weibsperson ohne ihrer und ihrer Eltern, oder da solche nicht mehr am Leben sind, ihrer Befreundeten und Vormünder Willen zu verheyrathen, und soll 9no in allen obigen Stücken zwischen denen vom Adel und andern kein Unterschied sein. etc. etc. etc.

§ 10.

Von dem Hinderniß der Ehe durch das Alter.

Das Alter hindert die Ehe, wenn das Weibsbild noch nicht 12 oder das Mannsbild noch nicht 14 Jahre erfüllet hat. Die Eheverlöbniß hingegen hat bei Unvogtbaren, nachdem sie das siebente Jahr zurückgelegt haben, zwar allerdings statt, doch kann solche bei erlangter Vogtbarkeit widerrufen werden, welche Beschaffenheit es auch hat, wenn Unvogtbare von ihren leiblichen Eltern zur Ehe verlobt worden sind.

§ 12.

Pflichten und Rechte der Eheleute.

No. 4. Hört die Curatel einer minderjährigen Ehefrau nach geschehener Verehelichung allsogleich auf und wird mit der Potestate maritali, worunter dieselbe während der Ehe zu stehen hat, verwechselt.

§ 35.

Wie sich die Eheleute einander succediren.

. . . .

§ 36. 37. 38.

Erster, zweiter, dritter und vierter Successionsfall.

. . . .

§ 46. 47.

Von zweiter oder weiterer Ehe. Straf derselben.

Zweiter Theil.

Zweites Capitel. Von dem Eigenthum.

§ 3.

Wer des Eigenthums fähig sei?

Jeder, der seiner Vernunft mächtig ist, kann sowohl für sich selbst, als durch Andere das Eigenthum einer Sache erlangen, es mögen aber Blödsinnige und Unsinnige, dann Kinder nnd Curatelmäßige, wie in anderen Dingen, also auch hierin von ihren Vormündern oder Curatoribus vertreten werden.

Viertes Capitel. Von der Verjährung.

§ 2.

Wer verjähren könne?

Wer des Eigenthums oder Innehabens der zu verjährenden Sache fähig ist, der kann auch solche mit Recht verjähren und mag dieses nicht nur für sich selbst, sondern auch durch andere z. E. durch einen Anwalt, Vormund oder Curatorem geschehen. —

§ 12.

Von der Restitution in integrum gegen die Verjährung.

Gegen die bereits vollstreckte rechtmäßige Verjährung hat Restitutio in integrum weder unter dem Vorwand der Unwissenheit, noch Abwesenheit, neu vorgefundenen Urkunden u. dgl. mehr statt, allermaßen sich derselben auch minderjährige Personen umsoweniger zu erfreuen haben sollen, als die Verjährung obverstandenermaßen während der Curatel ohnehin in Suspenso verbleibt. —

Fünftes Capitel. Von dem Innehaben.

§ 3.

Wer possediren könne?

Wer des Eigenthums von einer Sache fähig ist, mag auch wohl das Innehaben davon erlangen.

Neuntes Capitel. Von der Nutznießung.

§ 3.

In was für Sachen die Nutznießung erlangt werde?

Usus fructus hat 1mo in allen Dingen, soferne sie nur in Patrimonio et Commercio humano sind, ja sogar 2do in sämmtlichem Vermögen, jedoch niemals anders als deducto Aere alieno und wo Notherben vorhanden sind, salva legitima statt. Dafern aber auch 3tio einer Frau die lebenslängliche

Nutznießung nicht auf gewissen Gütern, sondern auf sämmtlicher Habschaft vermacht wird, und ein oder mehrere eheleibliche Kinder von dem Testatore vorhanden sind, so gebührt ihr nach hiesigem Landrechte mehr nicht als der standesmäßige Unterhalt von sothaner Habschaft, die übrigen Nutzungen soll sie als Verwalterin den Kindern verrechnen, es sei denn eine andere und nähere Erklärung, wie es hierinfalls gehalten werden solle, von dem Testatore vorhanden, bei welcher es sodann, salva tamen legitima, sein Verbleiben hat.

§ 6.

De Cautione Usufructuaria.

Obgedachte Caution, welche nemlich jeder Usufructuarius sowol wegen Conservirung als Restituirung des nutznießlichen Gutes zu prästiren hat, pflegt 1mo nur auf Begehren des Eigenthümers geleistet zu werden, und ist 2do Niemand davon befreiet, als erstens der Fiscus, zweitens der Vater in Ansehung nutznießlicher Kindergüter, drittens der Fructuarius, welchem zugleich das Eigenthum nach Ablauf einer gewissen Zeit zufällig werden soll, viertens, der das Seinige zum Theil oder ganz mit Vorbehaltung des Ususfructus verschenkt, fünftens, wenn sich Proprietarius derselben begibt, welches jedoch durch die bloße Auslieferung des nutznießlichen Gutes niemals vermuthet wird. 3tio. Aus mehr Usufructuariis cavirt jeder nur pro rata. 4to. Vor geleisteter Kaution ist der Eigenthümer nicht schuldig, dem Usufructuario das Gut ausfolgen zu lassen, sondern kann zur Sicherheit begehren, daß man selbes verpachte oder durch einen andern auf des Fructarii Kösten verwalten lasse, welchenfalls jedoch 5to diesem letzteren der Pachtschilling, und respective die Rechnungsaufnahme sammt den Fructibus des verwalteten Gutes gebührt. Ob 6to in Ermangelung anderer Kaution das bloße Jurament auf Seiten des Usufructuarii hinlänglich sei, muß theils aus der Beschaffenheit der Person, theils aus anderen Umständen ermessen werden. Damit sich aber auch 7mo über die Vollziehung dessen, was cavirt worden ist, destoweniger Irrung mit der Zeit ergeben möge, soll das nutznießliche Gut, zumal auf Begehren des Eigenthümers, vor der Auslieferung förmlich beschrieben und inventirt, oder wenn die Auslieferung ohne Inventario schon geschehen ist, von dem Usufructuario eine beschworene Spezification sub Poena Juramenti in Litem herausgegeben werden, den Vater oder jene allein ausgenommen, welche der Inventur durch Geding oder letzten Willen begeben sind, denn diese thun statt des Inventarii oder eidlicher Manifestation nur eine getreue Anzeige.

Dritter Theil.

Erstes Kapitel. Von der Succession und Erbschaft überhaupt.

§ 5.

Von dem Antritte der Erbschaft. (Aditio Haereditatis.)

Die Erbschaftsantretung ist eine freiwillige und zuverlässige Erklärung, daß man Erbe sein wolle, wozu aber folgende Stücke erfordert werden.

1mo. Muß derjenige, welcher die Erbschaft antreten will, nicht nur derselben nicht unfähig, sondern auch so beschaffen sein, daß er sich gegen andere verbindlich machen möge. 2do. Kann solches entweder für sich selbst, oder durch einen specialiter hiezu bevollmächtigten Anwalt geschehen. Kinder oder Pflegbefohlene werden 3tio wie in anderen Sachen, also auch hierin von ihren respective Vätern, Vormündern oder Curatoribus vertreten, und was diese jenen zum Schaden etwa unterlassen, das kann per Restitutionem in integrum wieder ersetzt werden. 4to. Greift der Antritt vor dem wirklichen Anfall niemal Platz, solchemnach kann derjenige, welcher nur bedingungsweise zum Erben ernannt ist, vor existirender Bedingniß so wenig als ein Erbe ab Intestato, so lange einer ex Testamento vorhanden ist, vielweniger ein Substitutus, ehe und bevor der Institutus von der Erbschaft absteht, solche antreten. 5to. Ist nicht erlaubt, die Erbschaft nur stückweise antreten zu wollen, sondern es muß solche ganz und so weit nemlich dieselbe anfällig geworden, angetreten, oder repudirt werden. Wer demnach einmal einen Theil davon angetreten hat, der wird eben so geachtet, als hätte er sich auf das Ganze eingelassen. Daraus folgt 6to von selbst, daß sich keiner die Nothgebürniß allein mit Ausschlagung der übrigen Erbschaft zueignen möge, sondern man muß sich entweder beides zugleich, oder keines von beiden gefallen lassen. 7mo. Stehet dem Testamentserben, welcher zugleich Haeres ab Intestato ist, allerdings frei, ob er die Erbschaft ex Testamento oder ab Intestato antreteten wolle, jedoch, soviel die Legate und Fideicommissa betrifft, mit dem Cap. seq. 3. § 29. n. 3 bemerkten Anhang. 8vo. Hat der Erbe dreißig ganze Jahre Zeit zum Antritt, es sei dann, daß er von den Cohaeredibus, Substitutis, Legatariis, Creditoribus oder anderen Interessatis auf eine positive Declaration getrieben wird, welchenfalls ihm die Obrigkeit einen peremtorischen Termin von einem oder mehr Monaten bei Verlust der Erbschaft zur Deliberation und endlicher Erklärung anberaumen, indessen aber auch benöthigtenfalls solche Provisionalbestellung machen soll, damit die Verlassenschaft, so viel möglich, in Esse erhalten werde. 9no. Ist die Aditio Facti, und muß also von dem der sich darauf beziehet, erwiesen werden. Von den Wirkungen derselben siehe nächstfolgenden sechsten Sphum.

§ 6.

Wirkung des Antritts.

1. 2. 3. 4. 5. 6. 7 etc.

8vo Verliert die Erbschaft von Zeit der Antretung ihren Namen, und heißt eigentlich keine Erbschaft mehr, sondern proprium Haeredis Patrimonium, weil sie dadurch mit seinem übrigen Vermögen vermischt wird, daher auch 9no keine Repudiation oder Entschlagung mehr statthat, es sei denn, daß man ex capite Minorennitatis gegen die Adition in integrum restituirt worden. etc.

§ 12.

De Missione Ventris in Possessionem Haereditatis.

Liegt der präsumirte rechtmäßige Erbe etwa noch im Mutterleibe, so kann die Mutter während der Schwangerschaft statt seiner den einstweiligen

Besitz der Verlassenschaft, nebst der standesmäßigen Alimentation bis zur Niederkunft begehren, muß aber dagegen auf Instanz der Interessenten die in P. 1. C. 4. § 10, beschriebene Inspectionem et Custodiam Ventris leiden, und wenn sich nach der Hand bezeigt, daß die Schwangerschaft nur boshafter Weise fälschlich von ihr angegeben worden, so thut sie nicht nur allen dadurch verursachten Schaden ab, sondern wird annebens gestraft. Dafern auch nebst dem im Mutterleibe liegenden noch ein oder mehr andere Miterben vorhanden sind, sollen diese zwar ebenfalls coimittirt, jedoch keinem dergestalt, als provisorie auf den Nothfall etwas davon ausgesetzt, sohin mit der Erbschafts-Vertheilung oder Verhandlung bis zur Niederkunft an sich gehalten werden.

§ 13.

De Immissione ex Edicto Carboniano.

Dafern einem Posthumo oder Unvogtbaren Quaestio Status et Filiationis gemacht, und aus dieser Ursache die väterliche, mütterliche, brüderliche oder andere Succession bestritten wird, so soll man ungeachtet dessen den bestellten Vormund oder Curatorem Pupilli vel Posthumi Nomine einstweilen in die Possession der streitigen Verlassenschaft setzen und die Quaestionem Status bis zur erlangten Vogtbarkeit ausgestellt sein lassen, es sei denn, daß die oben P. 1. Cap. IV. § 9. no. 2 erforderliche Probe per Evidentiam Facti allsogleich gemacht werden könnte.

§ 14.

Von Erbschaftsvertheilungen und der Actione Familiae hereiscundae.

1. 2. etc.

3tio. Kann ein Pupill oder anderer unter der Curatel Stehender ohne des Curatoris und der Obrigkeit Genehmigung weder gegen Seinesgleichen, noch einen Volljährigen die Theilung begehren, wohl hingegen 4to ein Volljähriger gegen einen Pupillen oder Curatelmäßigen, desgleichen 5to ein Anwesender gegen Abwesende, jedoch dergestalt, daß diesen letzteren, sofern nicht von ihnen selbst ein hinlänglicher Anwalt bestellt ist, ein Prucurator ex officio ad hunc Actum von der Obrigkeit ernannt wird, ohne daß eine vorläufige Edictal-Citation hiezu vonnöthen ist. 2c. 2c.

§ 15.

Von der Collation in Erbschaftsvertheilungen.

. . . .

§ 17.

Von Obsignirung der Erbschaft.

. . . .

§ 18.

Von Inventirung der Erbschaft.

Das Inventarium ist 1mo eine Beschreibung sämmtlicher Verlassenschaft sowohl an liegenden als fahrenden Gütern, Rechten und Gerechtigkeiten,

Activ= und Passivforderungen, und wird 2do regulariter von dem nämlichen verfertiget, welcher obgedachtermaßen die Sperre und Obsignation bei der Verlassenschaft vorzunehmen gehabt hat, und zwar 3tio nicht nur in Gegenwart sämmtlicher Erbs=Interessenten, sondern auch anderer zwei ehrbarer Personen, zu welchem Ende auch 4to jenen der Tag, da die Inventur vorgenommen werden soll, zeitlich zu notifiziren ist. 5to. Sind statt der minderjährigen Erbsinteressenten die Vormünder oder Curatores mit beizuziehen. 6to. Soll die Inventur wegen Abwesenheit des einen oder anderen Erbs=Interessenten, zumal wenn die Notifikation oder Ladung richtig geschehen ist, nicht aufgeschoben werden, und da man den Ort nicht weiß, wo sich der Abwesende aufhalte, so ist nicht nöthig, derwegen eine Edictal-Citation vorausgehen zu lassen, sondern es wird dessen Stelle durch einen ad hunc Actum von Amtswegen zu bestellenden Anwalt, oder auch durch die adhibirten Zeugen einstweilen ersetzt. etc. etc. 8vo Wird die Inventur nicht um des Eigennutzes, sondern lediglich der Sicherheit wegen vorgenommen, folglich soll man solche auch dem Erben wider seinen Willen nicht aufdringen, außer in folgenden Fällen. Wenn nämlich 9no der Erben mehr sind, und einer hierunter das Inventarium verlangt, item bei minderjährigen oder abwesenden Erbs=Interessenten oder da ihrer Armuth halber den Creditoribus eine Verlustsgefahr zu besorgen ist, oder bei gemeinen einfältigen Bauersleuten, oder da wegen Unterschlagung der Steuer, Siegelamtsgebühr und dergleichen Gefällen ein billiger Verdacht obwaltet, oder ein Testaments-Executor von dem Verstorbenen benannt wird. etc. Aller jetztbenannten Freiheiten wird 11mo der Erbe, welcher sich der Erbschaft ohne Inventario entweder mit Worten oder Werken unterziehet, gänzlich verlustig, und hat 12mo keine Restitutio in integrum mehr dagegen Platz, ungeachtet man sich 13tio zur eidlichen Manifestation anheischig machen wollte, die minderjährigen Personen allein ausgenommen, als welchen 14to die Unterlassung der Inventur nicht schädlich sein soll, wenn sie nur das an sich gebrachte wieder erstatten, und ad Inventarium bringen. etc. 17mo. Kann der Erblasser die Inventur zur Präjudiz der Creditorum nicht, wohl hingegen zum Nachtheil der Legatarien oder Cohaeredum, so weit es nicht bei diesen letzteren die Legitimam betrifft, verbieten oder nachlassen, derowegen auch der Erbe auf solchen Fall durch die Unterlassung des Inventarii weder Falcidiam noch Trebellianicam verliert. Doch soll man auch 18vo dergleichen Verbot oder Nachlaß auf den Fall, wenn minderjährige oder abwesende Erben vorhanden sind, nicht attendiren, sondern demungeachtet mit der Inventur verfahren. 19no. Dafern die Gläubiger oder andere Interessenten vermeinen, daß zu ihrem Nachtheile von der Erbschaft etwas hinterschlagen worden, so mögen sie dieses beweisen, oder gegen jenen, welcher in billigem Verdachte deßfalls ist, auf den Manifestations=Eid treiben, nachdem der Eid der Bosheit vorläufig von ihnen abgelegt worden.

§ 19.

Wie die Erbschaft verloren gehe?

. . . . . Wider die einmal geschehene Repudiation hat 14to keine Restitutio in integrum mehr statt, ausgenommen bei Minderjährigen, im Uebrigen darf 15to aus der repudirten Erbschaft nichts zurückbehalten werden ....

Zweites Capitel.

Vom letzten Willen (ultimis Voluntatibus) überhaupt.

§ 5.

General-Requisita eines letzten Willens; 2do daß er ein selbsteigener sei.

Aus dem zweiten Requisito ergibt sich 1mo, daß obschon in Actibus inter Vivos der Wille auch allerdings dem Arbitrio eines anderen überlassen werden möge, ein solches gleichwol in ultimis Voluntatibus et Actibus Mortis causa nicht angehe, es folget ferner 2do, daß gleichwie ein Minderjähriger nach erlangter Pubertät des Curatoris Consens zur Errichtung einer letzwilligen Disposition nicht vonnöthen hat, also auch hingegen bei unvogtbaren, unsinnigen und anderen dergleichen Personen der Mangel durch den Consens und Willen ihres Vaters, oder Curatoris hierinnfalls niemals ersetzt werde.

§ 7.

4to. Daß der letzte Wille ein wahrer und freier sei.

Wenn es dem Disponenten etwa an genugsamen Verstande, wie z. E. Kindern, Unsinnigen, Schlafenden, stark Betrunkenen ermangelt, oder die Disposition erweislichermaßen nur mit Gewalt und Furcht erzwungen, betrüglicher und hinterlistiger Weise erschlichen, durch wesentlichen Irrthum veranlasset, im Scherze oder bloßen Discurs, ohne anscheinenden rechten Ernst geäußert werden, so ist es entweder kein freier, oder doch kein wahrer Wille.

§ 16.

Von der Benennung des Executoris.

1mo. Kann regulariter ein jeder pro Executore benannt werden, der nicht Alters halber oder sonst von Natur dazu untauglich ist, wie z. E. Kinder, Unvogtbare, Unsinnige, Stumme, Taube, Blinde und dergleichen. etc. etc. etc.

Drittes Capitel.

Von Testamenten überhaupt.

§ 3.

Wer active testabilis sei und Testament machen könne?

1mo Kann regulariter jeder von dem Seinigen testiren, der nicht von Natur oder durch besonderes Verbot daran gehindert ist. Es sind aber 2do von Natur alle jene gehindert, welche entweder gar keinen, oder nicht hinlänglichen Begriff von der Sache haben, oder wenigstens solchen nicht deutlich genug zu äußern vermögen, wie z. E. unsinnige, schlafende, stark betrunkene, oder unvogtbare Personen, welche nemlich das vierzehnte Jahr noch nicht erfüllt haben. Item Stumme und Taube, welche zugleich des Lesens und Schreibens unkundig sind. Das Verbot stehet 3tio nur erstlich deklarirten Verschwendern, zweitens geächteten und allen andern Uebelthätern, welche ihr ganzes Vermögen verwirkt haben, drittens Ketzern und Abtrünnigen, worunter jedoch die Juden hierinfalls nicht verstanden sind, viertens unter väterlicher Gewalt annoch Stehenden, ausgenommen soweit sie de Peculio Castrensi vel Quasi testiren, und endlich fünftens Religiosen nach abgelegter Profession entgegen. Soviel nun 4to diejenigen betrifft, welche nur von Natur gehindert sind, wird bei ihnen lediglich auf die Zeit, da man das Testament verfertiget, geschehen, folglich die vor- oder nachgehende Unfähigkeit nicht attendirt, also wenn z. E. ein Unsinniger vor oder nach der Raserei oder während erweislichen dilucido Intervallo testirt, so stehet die vor- und nachgängige Raserei nicht mehr im Wege, die andere hingegen, welchen ein besonderes Gebot entgegen stehet, müssen nicht nur zur Zeit des verfertigten Testamentes, sondern auch zur Zeit ihres Absterbens fähig sein. Was nun aber 5to alle obbenannten Personen, sie seien gleich von Natur oder von Verbotes wegen unfähig, testiren oder verordnen, das gilt nicht einmal in Favorem Causae piae, geschweigens anderer.

§ 8.

Von Untüchtigkeit der Testamentszeugen.

Von der Testaments-Zeugenschaft sind nur folgende ausgeschlossen. 1mo. Welchen es an genügendem Verstande hiezu mangelt, wie z. E. Blödsinnige und Unsinnige, stark Betrunkene, Blinde, Stumme, Taube, Unvogtbare, 2do Ehrlose ohne Unterschied inter Infamiam Juris et Facti, sofern das eine oder andere einmal declarirt ist. 3tio Declarirte Verschwender, 4to Weibs-Personen, 5to Intestabiles sowohl active als passive, Söhne in des Vaters Testament, und vicissim, sofern der Sohn nicht Jure militari testirt. 7mo. Wenn der Testator und der Zeuge unter nemlicher väterlicher Gewalt miteinander stehen. 8vo. Der benannte Erbe oder After-Erbe, sammt dem, der in desselben väterlicher Gewalt ist, oder ihn in solcher Gewalt hat. Wohingegen 9no Legatarii oder Fideicommissarii particulares, ungeachtet ihnen etwa das ganze Vermögen zukömmt, von der Zeugenschaft nicht ausgeschlossen sind. 10mo. Siehet man der Tüchtigkeit halber bei Zeugen lediglich auf die Zeit, da das Testament gemacht wird, dergestalt, daß auch ein Untüchtiger, welcher selbiger Zeit nur in Possessione Habilitatis gewesen und insgemein für tüchtig geachtet worden, ebenfalls nicht ausgeschlossen ist.

§ 13.

Ob und wie weit uneheliche Kinder passive testabiles sind?

1mo. Kann der Vater seine unehelichen Kinder, welche nicht legitimirt sind, weiter nicht als in dem bloßen Unterhalte bis sie sich gleichwohl selbst nähren können, zu Erben einsezen, es sei denn, daß er weder in auf- noch absteigender- oder in Collaterallinie einen Befreundeten mehr hat. Sind aber 2do dergleichen Kinder legitimirt, so ist zu unterscheiden, ob neben ihnen noch andere Kinder oder Descendenten aus ehelicher Geburt vorhanden sind, oder nicht. Erstenfalls kann der Vater die Legitimatos und ihre Mutter zusammen weiter nicht, als in dem zwölften Theil seines Vermögens instituiren, ausgenommen wenn solches zu ihrem Unterhalt nicht erklecklich ist, welches zu richterlicher Ermäßigung stehet. Andernfalls hat er freien Willen, jedoch dergestalt, daß er seinen Eltern, wenn sie noch bei Leben sind, ihre Nothgebürniß lassen muß. Die Muter kann 3tio ihre unehelichen Kinder, welche nicht legitimirt sind, ebenfalls nicht weiter, als in dem Unterhalte instituiren, ausgenommen, wenn kein anderer Erbe in auf- oder absteigender Linie vorhanden ist. In Ansehen legitimirter Kinder aber hat sie sich hierinfalls eben so, wie der Vater, zu verhalten. 4to. Ist die Rede hier nur von Legitimatis per Rescriptum Principis, massen es mit Legitimatis per subsequens Matrimonium dießfalls die nemliche Beschaffenheit wie mit andern ehelichen Kindern. Jene welche aus verdammter Geburt sind, können 5to ungeachtet aller Legitimation, sie mag gleich sein, von wem sie wolle, weder von Vater noch Mutter weiter, als in dem bloßen Unterhalte instituirt werden, ausgenommen, wenn die Erbschaft bei Ermanglung anderer Befreundeten, dem Fisco heimfällig und das Testament von der Landesherrschaft bestätiget würde. 6to. Verstehet sich all obiges nicht nur von der Erbeinsetzung, sondern auch von andern letztwilligen Dispositionen, wie nicht weniger von Schankungen unter Lebenden, immassen den Eltern die Hände ebenfalls im obigen Maße gebunden sind.

§ 14.

Von Notherben Haeredibus necessariis und derselben Einsezung.

Ein Notherbe heißt, welcher entweder rechtmäßig enterbt, oder wenigstens in der Nothgebürniß als Erbe instituirt werden muß. Von der Enterbung siehe folgenden sechzehnten, und von der Nothgebürniß den fünfzehnten §phum. Es werden aber 10mo unter die Notherben gerechnet des Testatoris Kinder und Eltern, sowohl ersten als anderen und weiteren Grades, jedoch allezeit nur die nächsten, welche ihm nämlich auf den Fall, da er kein Testament gemacht hätte, ab Intestato entweder Jure proprio, oder Repraesentationis succedirt haben würden. Solchemnach sind z. E. Eltern und Großeltern, so lange keine Notherben, als ein Erbe in absteigender Linie von dem Testatore vorhanden ist, und ingleichen ist der Enkel seines Ahnherrns Notherbe nicht, es sei denn der Vater entweder rechtmäßig enterbt, oder bei Absterben des Ahnherrn nicht mehr bei Leben. 2do. Sind unter den Kindern hierinnfalls auch Arrogati, soviel die Verlassenschaft des Wahlvaters betrifft, item Posthumi, und Legitimati per subsequens Matrimonium nicht aber Legitimati per Rescriptum Principis oder Uneheliche verstanden, massen diese zwar obverstandenermassen in gewissen Fällen instituirt werden können, aber nicht müssen. Collateral Befreundete sind 3tio niemals Noth-Erben, ausgenommen Brüder und Schwester auf den Fall, wenn eine ehrlose und bemackelte Person instituirt ist, und sie nicht selbst von dergleichen Gattung sind. 4to. Wird bei allen obigen Personen supponirt, daß sie fähig und passive testabiles sind, sonst werden sie für Notherben nicht mehr geachtet, und da etwa 5to einer aus ihnen freiwillig auf die Erbschaft renuncirt hätte, oder ipso Jure pro renunciato zu halten wäre, wie z. E. die Töchter Edelmanns-Freiheits fähiger Personen, so müssen sie nichts destoweniger in der bereits empfangenen oder von Rechts wegen zu empfangen habenden Portion instituirt werden. 6to. Die bloße Substitution eines Notherben, wie auch 7mo die stillschweigende Institution desselben, da man ihn z. E. nur in Conditione mitbegreift, wird pro Praeteritione gehalten, und ist mithin nicht hinlänglich, sondern der Notherbe muß ausdrücklich, und zwar 8vo entweder specifice mit Namen, oder wenigstens generice aut collective, z. E. mit Worten: meine Kinder, Enkeln, Aeltern oder Noth-Erben instituirt sein.

§ 15.

Von der Noth-Gebührniß oder Legitima.

. . . .

§ 16.

Von der Enterbung oder Exhärebation.

. . . . .

§ 17.

Ursachen, wegen welcher man Kinder enterben mag.

. . . .

§ 18.

Oder Eltern und Geschwister.

. . . . .

§ 19.

Von Aftererbeinsetzungen (Substitutionibus) insonderheit vulgari.

. . . . . .

§ 20.

Pupillari.

. . . . . .

§ 21.

Quasi pupillari vel exemplari.

Kindern, welche zwar vogtbar, aber gemüths- oder Leibes-Mangel halber, w. z. B. Blödsinnige, Stumme u. Taube, deklarirte Verschwender, u. dgl. selbst nicht testiren können, mag auf den Fall, wenn sie Erben sind, und in solchem Zustande sterben, von Eltern und Großeltern quasi pupillariter oder exemplariter substituirt werden, u. ist 1mo diese Substitution sowohl unter der expressa vulgari als expressa pupillari stillschweigend verstanden, sofern nicht aus der Disposition ein anderes erscheint.

§ 25.

De testamento rupto per Agnationem sui Haeredis.

. . . . . .

Fünftes Capitel. Von den Codizillen.

§ 3.

Wer kodizilliren könne?

Soweit man nach Inhalt des vorigen 3ten Cap. 3ten Sphi von Verfertigung eines Testaments ausgeschlossen ist, soweit ist man auch in Verfertigung eines Codizills gehindert.

Achtes Capitel. Von Schankungen sowohl unter Lebenden als von Todeswegen.

§ 9.

Wer Donationem inter Vivos machen oder acquiriren könne?

1mo. Kann jeder von dem Seinigen nach Belieben verschenken, jene allein ausgenommen, welche entweder von Natur aus Mangel genugsamen Verstandes oder Willens daran gehindert sind, z. E. Kinder u. Unsinnige oder welche in ihren Sachen keine freie Disposition haben, z. E. Pupillen, Minderjährige, deklarirte Verschwender u. dgl. 2do. Kann auch kein Vormund, Curator od. Administrator dem Pupillen oder Pflegbefohlenen etwas verschenken, außer soweit es die Nothwendigkeit, Billigkeit oder Gewohnheit mit sich bringt. Viel weniger ist dieses 3tio einem bloßen Anwalte ohne Spezialgewalt erlaubt. Dahingegen kann 4to regulariter ein Jeder nicht nur für sich selbst sondern auch ex consensu praesumto für andere eine Schenkung erlangen. Im Uebrigen siehe 5to von den Schenkungen unter Eheleuten das mehrere in Part. 1. Cap. 6. § 31; an uneheliche Kinder oben Cap. 3. § 13. 2c.

§ 14.

Widerrufung der Schankung, sonderbar in donatione inofficiosa.

. . . .

Eilftes Kapitel.

Von bedungener Erbschaft, insonderheit von Erbschaftsverzichten und Regreß-Sprüchen.

§ 1.

Von Pactis successoriis (Erbverträgen) überhaupt.

13tio. Per agnationem sui Haeredis aut Supervenientiam Liberorum werden dergleichen Gedinge niemal entkräftet, sondern bleiben nichts destoweniger (salva tamen legitima) bei Kraft.

§ 2.

Insonderheit von pactis successoriis, negativis und renunciativis.

2do. Wird zum Erbschaftsverzicht der Eid nicht, wohl aber 3^{tio} bei Weibsleuten, oder anderen der Rechte unverständigen Personen die Cercioration; wie nicht weniger 4to bei minderjährigen Renunzianten der Consens ihrer Eltern oder Vormünder und ingleichen 5to wenn die Renunziation durch einen Anwalt geschieht, Mandatum speciale erfordert. 6to. Ist es auch nöthig, daß die Kinder, welche sich ihrer Eltern Erbschaft verzeihen, standesmäßig dagegen ausgesteuert werden. . . . .

Zwölftes Capitel.

Von der natürlichen Erbfolge.

§ 1.

Generalia der Succession ab intestato.

. . . .

§ 2.

Von der Erbfolge in absteigender Linie.

. . . .

§ 3.

Von der Erbfolge in aufsteigender Linie.

. . . .

Vierter Theil. (Obligationenrecht.)

Erstes Capitel. Von der Convention und den hieraus entspringenden Pflichten überhaupt.

§ 12.

Wer paktiren könne.

Regulariter kann jeder paktiren, ausgenommen 1mo jene, denen es an genugsamen Willen oder Verstand ermangelt, z. E. Kinder, Unsinnige, Schlafende, stark Betrunkene u. dgl. welches sich jedoch nur von Contractibus veris verstehe, denn in Quasi-Contrakten sind auch diese nicht eximirt ꝛc. ꝛc. Von Contrakten und Handlungen der Ehefrauen siehe oben Part. 1. Cap. 6. Von Minderjährigen oder Curatelmäßigen ibid. Cap. 7. ꝛc. ꝛc.

(Vergleiche das 13te Capitel.)

§ 13.

Ob man für Andere paktiren kann.

1mo. Kann für alle jene, welche man von väterlicher Gewalt, Curatel, Anwaltschaft, und sonst von Rechtswegen zu vertreten hat, stipulirt werden.

Für andere Dritte hingegen gehet solches nur so weit an, als ihnen dieses nützlich sein mag, und nach der Hand ratifizirt oder angenommen wird. 2c. 2c.

Cap. II.

§ 4.

Exceptio Senatus Consulti Macedoniani beim Mutuum oder Darlehen.

Stehet Mutuatarius zur Zeit des Anlehens noch unter väterlicher Gewalt, so hat er ohne Unterschied des Geschlechts oder Alters, wie auch seine Erben und nicht weniger Jene, welche hierinfalls Bürgschaft für ihn geleistet haben, gegen die allenfalls gestellte Klage Exceptionem Senatus consulti Macedoniani, jedoch mit wohlmerklicher Ausnahme in folgenden Fällen. 1mo. Wenn die Schuld nicht anlehensweise, sondern durch Kauf oder in andere Wege gemacht worden, es sei dann glaubwürdige Anzeigung vorhanden, daß dieses mit Fleiß und in fraudem legis, um nur der Handlung einen andern Namen zu geben, also geschehen sei. 2do. Wenn aus allen Umständen zu vermuthen ist, daß der Darlehner den Zustand des Mutuarii weder gewußt habe, noch leichterdings habe wissen können. 3tio wenn der Darlehner tempore Contractus minderjährig gewesen. 4to. Wenn Mutuatarius mit einem Peculio Castrensi vel Quasi versehen ist, denn da hat die Exception nur soweit statt, als das Debitum die Quantitatem Peculii übersteigt. 5to. Wenn die Schuld entweder von dem Vater selbst, oder wenigst nach erloschener väterlicher Gewalt von dem Debitore agnoscirt und bestätiget ist. 6to. Wenn das Darlehen zum nöthigen Unterhalte des Mutuatarii, oder zum Beßten seines Vaters erweislicher Massen verwendet worden. 7mo. Setzen zwar viele Rechtsgelehrte auch den Casum hieher, wenn Mutuatarius dieser Exception eidlich renunzirt. Nachdem aber dergleichen Renunciationes simplices ohne Eid nicht giltig sind, so können sie auch als eine gegen Gesetz und Ordnung laufende Sache mit dem Eide nicht bestehen.

Drittes Kapitel.

§ 2.

Wer kaufen und verkaufen könne?

Kaufen und Verkaufen steht Jedermann frei, es sei denn eine solche Person, welche obgedachtermassen auch sonst überhaupt zu pazisziren nicht vermag 2c. 2c.

Zehntes Kapitel.

§ 5.

Wer Bürg sein könne?

Außer denen, welche sich auch sonst nicht verbinden können, ist die Bürgschaft heutzutage Niemand mehr als Weibspersonen verboten.

§ 15.

Fälle worin Regreß und Schadloshaltung des Bürgen nicht mehr statt hat.

1mo. — 2do für eine zu contrahiren unfähige Person z. E. für einen Minderjährigen, ꝛc. ꝛc. 6to wenn er indebite oder sonst unnützer Weise für den Hauptschuldner, z. E. doppelt, oder ꝛc. oder einem Minderjährigen ohne vormundschaftlicher Autorität, bezalt ꝛc. ꝛc.

§ 26.

Fälle, worin das S. C. Vell. nicht statthat.

Senatus cousultum Vellejanum hat nur in folgenden Fällen nicht statt: ꝛc. ꝛc. 6to: in Interzessionen für das Heiratgut, oder wenn der Creditor ein Minderjähriger ist; 7mo: in allen Fällen, worin die Interzession ohnehin schon null und nichtig ist, z. B. bei minderjährigen Interzedenten ꝛc. ꝛc.

Dreizehntes Kapitel. Von Quasi-Contrakten überhaupt. *)

§ 2.

Negotiorum gestio.

ꝛc. ꝛc. 8vo. Wird um alles obverstandene dem Prinzipalen Actio negotiorum gestorum directa, hingegen Gestorum contraria eingeräumt, und stehet 9no der letzteren Aktion nicht im Wege, daß Prinzipal ein Pupill, Unsinniger, oder sonst sich selbst zu obligiren unfähige Person sei. Wohl hingegen hat 1mo Actio directa gegen dergleichen Personen nicht statt, außer soweit sie sich mit Schaden des Prinzipalens bereichert, oder etwa gar dolo malo strafmäßig hierunter gehandelt haben.

§ 5.

Solutio indebiti.

3tio. Bleibt es bei der in Praxi bewärthesten Meinung, daß Conductio indebiti nur in simplici, d. i. in einem solchen Indebito Platz greife, welches weder in Obligatione naturali noch civili einigen Grund hat, folglich ist auch eine bloße Obligatio naturalis zu Ausschließung dieser Klage hinlänglich, ausgenommen in Sachen, welche jure civili ausdrücklich verboten sind, z. E. die von minderjährigen Personen ohne vormundschaftlicher Autorität, oder aber von Weibspersonen ex Fidejussione geschehene Zahlungen u. dgl. ꝛc. ꝛc.

§ 12.

Hereditatis aditio, Tutelae administratio.

Vormundschaftsverwaltung, wie auch Erbschaftsantretung, werden ebenfalls mit unter die Quasi-Contractus gerechnet, wovon aber bereits oben im ersten und dritten Theile das Nöthige versehen ist.

---

*) Vergl. Thl. IV. Cap. 1. § 12.

Vierzehntes Kapitel.

Von der Art und Weise, die Verbindlichkeit wiederum aufzuheben, sonderbar von der Bezalung.

§ 2.

Von der Delegation.

1mo. Kann jeder Debitor für sich selbst soweit bezalen, als ihm die Rechte mit dem Seinigen frei zu walten und zu schalten gestatten, derwegen 2do keine Zalung, welche z. E. von minderjährigen oder anderen kuratelmäßigen Personen, ohne vormundschaftlicher Autorität geschieht, von Kraft und Wirkung sein kann. 3^{tio}. Mag auch einer für den andern nur soweit bezalen, als man demselben von Spezialvollmacht, Curatel, Vormundschaft oder väterlicher Gewalt wegen zu vertreten hat.

§ 4.

Wem man die Zalung thun könne?

Derjenige welcher bezalt wird, muß 1mo: entweder Creditor selbst, oder wenigst an der Stelle des Creditoris sein, solchemnach kann zwar 2do nicht nur einem Correo Credendi, Cessionario oder Solutionis causa adjecto (2c.) sondern auch Vormündern oder Curatoribus statt ihrer Pupillen oder Pflegbefohlenen, ohne daß es hiesigem Landsgebrauche nach einen obrigkeitlichen Dekretes mehr hiezu bedarf, die Schuld allerdings bezalt werden.´ 2c. 2c.

§ 5.

Ob einem Minderjährigen oder Curatelmässigen.

Wer nicht freie Administration seiner Güter hat, dem kann auch ohne Wissen und Willen derjenigen, worunter er stehet, mit Bestand und Sicherheit keine Schuld heimgezahlt werden. Was demnach 1mo an minderjährige, Curatelmäßige oder in väterlicher Gewalt stehende Personen auf solche Weise kommt, das wird für keine Zalung geachtet, und hebt mithin die Obligation nicht auf, kann auch das Bezalte oder Erlegte von ermeldten Personen nur soweit wiederum zurückgefordert werden, als sie etwa reicher dadurch geworden, oder die Sache gar noch in Natura bei ihnen vorhanden ist. — *)

Fünfzehntes Kapitel.

Von den übrigen Modis solvendi Obligationem 2c. 2c.

§ 1.

Von der Compensation.

Eine rechtmäßige Compensation hat 2do nicht nur gegen minderjährige und kuratelmäßige Personen, auf die nemliche Weise wie gegen andere, sondern auch 2c. 2c. statt. 2c. 2c. 5to. 2c. 2c. wie auch wenn ein Pupill unter

*) Vergl. Ldr. Thl. I. Cap. 7. § 17. Note e.

verschiedenen, und in der Administration selbst abgetheilten Vormündern steht, nichts destoweniger gegen den nämlichen Pupillen resp. Kaufmann eine 2c. Vormundschaftsschuld mit der andern wohl kompensirt werden mag. 6to 2c. Kann also z. E. das was der Vormund 2c. nicht tutorio Nomine, sondern für seine eigene Person fordert, mit dem, was man etwa an den Pupillen zu fordern hat, nicht kompensirt werden.

§ 2.

Von der Retention.

2c. 2c. u. ist im übrigen gleichgiltig, ob sie in beweglichen oder unbeweglichen 2c. Dingen bestehe, soweit solche nicht besonders ausgenommen sind, wie z. E. Sachen, welche zur Alimentation gehören, 2c.

§ 4.

Von der Novation.

3tio. Derjenige, welcher mittels der Novation eine neue Obligation von dem andern acquiriren will, muß nicht nur Creditor von der alten Schuld, sondern auch mit seiner Sache frei disponiren zu können befugt sein, doch kann man von einem specialiter hiezu Bevollmächtigten, oder über das gesammte Vermögen bestellten Anwalt hierinfalls vertreten werden, welches auch Vormündern und Curatoribus, soweit es ihren Pflegbefohlenen zum Beßten gedeihet, von Rechtswegen zustehet. 4to. Statt der alten Obligation eine neue auf sich zu nehmen, stehet jedem frei, soweit er auch in andern Sachen handeln und sich verbinden mag.

§ 5.

Von der Delegation.

3tio. 2c. 2c. und kann die Delegation sowohl für sich selbst, als durch Anwälte oder Vormünder geschehen. 2c. 2c. 9no. Erwächst aus der Delegation eine ganz neue Obligation zwischen dem Creditore et Delegato, folglich fallen auch alle Exceptiones hinweg, welche Delegatus Deleganti etwa vor der Delegation für sich zu machen gehabt hat, es wäre denn eine Weibsperson interzessionsweise, oder ein Minderjähriger delegirt werden.

§ 7.

Von der Assignation.

3 t. Wer zalen kann, der kann auch assigniren, und wer mit Sicherheit bezalt werden kann, dem kann man auch ebensosicher eine Anweisung thun.

§ 9.

Von der Satisfaktion.

3tio. 2c. 2c. wer bezalen oder bezalt werden kann, der kann auch Satisfaktion leisten oder empfangen.

§ 13.

Von der Restitutione in integrum gegen die Obligation.

Wie weit man sowohl minderjährigen als anderen Personen Restitutionem in integrum in Judicialibus angedeihen lasse, ist mit mehreren in codice judiciario versehen. Soviel die Extrajudizialhandlungen und Obligationes betrifft, wird zwischen Minderjährigen und anderen ein Unterschied gemacht. Jene pflegen andergestalt nicht, als nach Maßgabe obigen ersten Theils 7. Capitels 30sten Sphi hierinfalls restituirt zu werden.

Sechzehntes Kapitel.

Vom Verbrechen und der daraus entspringenden Verbindlichkeit.

§ 6.

De actione legis aquiliae.

rc. rc. inmassen 5to ein gleiches in casu homicidii dolosi vel culposi des Entleibtens hinterlassenen Weib und Kind, soweit sie etwa durch den Todschlag an der Alimentation verkürzt sind, ebenfalls gebührt, und aus der nemlichen Ursache pflegt man 6to bei fleischlichen Sünden nach Gestalt der Personen, Proben und Umstände auf die Dotation oder Alimentation zu sprechen. rc. rc.
und da nun 8vo Kinder und Unsinnige aus Mangel des Verstands und freien Willens weder Doli noch Culpae fähig sind, so folgt von selbst, daß die von ihnen herrührende Damnifikation entweder gar nicht, oder wenigst nicht aus ihrem eigenen, sondern allenfalls aus dem Vermögen derjenigen erstattet werde, welchen die Obsorge über dergleichen Personen zwar obgelegen, aber nicht mit gebührendem Fleiße geführt worden ist.*)

*) Vergl. Ldr. Thl. I. Cap. 7. § 17. no. 4.

C.

Auszüge aus den Special-Gesetzen.

1.

Bayerische Gerichtsordnung vom Jahre 1753.

Cap. I. Von den Gerichten und der Gerichtsbarkeit.

§ 1. (Wie und wo man sein Recht suchen soll.)

Das Recht soll . . . nicht mit Gewalt, sondern vor Gericht, und zwar dort, wohin der Beklagte seiner Person oder der streitigen Sache wegen gehört, gebührend gesucht werden.

§ 2. (Wie das Forum fundirt werde.)

Der ordentliche Gerichtszwang wird theils von häuslichen Anwesen, ... theils von . . . Verwaltung . . . . zu Latein domicilio . . . . administratione . . . . hergeleitet.

§ 3. (Forum domicilii.)

Wo der Vater seinen beständigen Wohnplatz hat, da sind auch seine rechtmäßigen Kinder domizilirt, und dieses heißt zu Latein: forum originis. Findelkinder bekommen dasselbe an dem Ort, wo sie gefunden oder erzogen werden; uneheliche hingegen folgen dem domicilio ihrer Mutter. Hat der rechtmäßige Vater selbst keinen gewissen beständigen Wohnsitz, so ist bei Kindern mit dem domicilio originis auf den Ort der Geburt zu sehen; dasselbe bleibt auch jedem vorbehalten, so lange er sich nicht selbst freiwillig oder aus Noth anderwärts in der Absicht dort zu wohnen, wirklich niederläßt: und da nun dieses an mehreren Orten zugleich in obiger Absicht geschieht,' so wird auch an jenen Orten überall das domicilium erlangt und es stehet in einem solchen Fall dem Kläger frei, ob er ihn dort oder da belangen wolle. . . . .

§ 7. (Forum administrationis.)

Wer wegen geführter Verwaltung und Administration Rechenschaft zu geben hat, soll dieses vor der Obrigkeit thun, welche ihn hiezu bestellt hat, und es ist auch derselbe nicht schuldig, sich deswegen anderwärts einzulassen. Wenn aber der Verwalter hinterstellig, oder sonst in seiner Verwaltung strafmäßig befunden wird, so soll er zur Leistung desjenigen, was er zu thuen schuldig ist, von seiner ordentlichen Obrigkeit angehalten werden.

§ 12. (Fälle, worin das forum privilegiatum eximirter Personen nicht statt hat.)

Obenbemeldtes forum privilegiatum hat in folgenden Fällen nicht statt: .... 2) Wenn dieselbe nicht wegen eigener, sondern einer anderen Person z. B. als Erbe, Vormund, oder Gewalthalber belangt wird. ....

Cap. III. Von dem Gerichtsprozesse.

§ 3. (Von dem processu summarissimo et executivo.)

.... 4) Soll man in offenbaren kundigen Freveln, Vergewaltigungen und Attentaten, wie auch in Sachen das Polizei- und gemeine Wesen betreffend; desgleichen bei der Bevormundung minderjähriger Personen, Ablegung rückständiger Vormundschaftsrechnungen, wie auch in Alimentations- und andern dergleichen ohne Gefahr nicht leicht verschieblichen Dingen, nicht weniger in bloßen Incidentien und Nebensachen, welche die Hauptsache selbst nicht berühren, soll man ebenfalls ohne Schriftenwechsel lediglich in via commissionali mit summarischer Einsicht und abgekürzten Terminen, auch wo es auf einen Beweis ankommt, nach Maßgabe des cap. IX. § 5, dann cap. X § 3 verfahren, und was dabei etwa einer weitern Erörterung bedarf, von dem Liquiden und Unverschieblichen absondern, und nach Gestalt der Dinge per processum separatum oder mit der Hauptsache selbst ausführen lassen. ....

§ 6. (Wer Prozeß führen könne.)

Vor Gericht kann Jeder sowohl active, als passive stehen, der seiner selbst mächtig und auch sonst keiner rechtmäßigen Ausstellung oder Bedenklichkeit dießfalls unterworfen ist. Insbesondere aber soll man weder churfürstliche Beamte in causis domini, noch Städte und Märkte, welche dem rentmeisterischen Umritte untergeben sind, zum Prozesse kommen lassen, wenn nicht jene den kameralischen und diese den rentmeisterischen Consens beibringen, welcher jedoch ohne besonders erhebliche Ursache weder versagt, noch aufgehalten, und in Sachen, welche keinen Verzug leiden, oder sonst in summariissimum qualifizirt sind, nicht erfordert werden soll.

Cap. V. Von gerichtlichen Citationen 2c. 2c.

§ 8. (Insinuirung der Citation.)

..... 7) Ferner soll bei ganzen Gemeinden, Handwerkszünften, Städten und Märkten, Stiften, Klöstern, Kindern, Bevormundeten oder Abwesenden, die Insinuation bei ihren respektiven Gemeinde-, und Handwerksführern, amtirenden Bürgermeistern, Stiftsdechanten, Klosterportnern, Aeltern, Curatoren und Mandatarien geschehen. ...

§ 10. (Wie gegen Ungehorsame verfahren werde.)

. . . . . 9) Im Falle auch ein Vormund oder Administrator ex capite contumaciae gestraft wird, so soll er die Strafe ohne Erstattung von Seite seines Curanden aus seinem eigenen Vermögen bezahlen.

Cap. VII. Von der Legitimation und Vollmacht.

§ 1. (Wann die Legitimation erforderlich sei.)

Jedem stehet frei, in eigener Sache bei Gericht selbst zu erscheinen, wenn er sie nur vorzutragen die Geschicklichkeit, und zugleich bei Gericht selbst vorzustehen Fug und Macht hat. Wer aber andere dießfalls vertreten will, soll sich allezeit durch hinreichende Vollmacht legitimiren, damit keine unheilbare Nullität daraus entstehe. Deßwegen hat man auch von Amtswegen darauf Acht zu geben, und unbevollmächtigte Fürsprecher nicht anzuhören, sondern sie vielmehr bei ergiebiger Geldstrafe zur Legitimation anzuweisen. Abwesende Partheien sollen auch allezeit gleich bei ihrem ersten Einlangen, sowohl ein= als anderseits statt ihrer einen Anwalt in loco judicii wenigstens der Einlieferung wegen bestellen, da im widrigen Falle die expeditiones pro insinuatis gehalten, sonach gegen den Abwesenden gleichwohl weiter verfahren werden soll.

§ 3. (Wer Vollmacht geben kann.)

Wem 1) vermöge Cap. II. § 6 Prozeß zu führen verwehret ist, dem ist auch nicht erlaubt, einen Andern dazu statt seiner zu bevollmächtigen. . . . . 4) Vormünder, Administratoren, Curatoren können zwar in Sachen ihrer Pflegbefohlenen Anwälte bestellen; insofern aber die angebliche Curatel, Vormundschaft oder Administration bei Gericht nicht aktenmäßig kundbar ist, so soll man sich hierüber gebührend legitimiren.

Cap. XIII. Von dem Eidschwur, wie auch dem Beweise, welcher dadurch gemacht wird.

§ 1. (Von dem Eide überhaupt.)

. . . . 3) Wird statt des Unvogtbaren der Vormund, wenn er anders nöthige Wissenschaft von der Sache zu haben scheint, zum Schwure gelassen, und wenn die Klage ex jure cesso herrührt, soll nicht nur der cessionarius, sondern auch nach Gestalt der Dinge der cedens schwören. . . .

Cap. XV. Von den Appellationen und Revisionen.

§ 5. (Von der Appellationsschrift und dem libello gravaminum.)

2c. Kann auch . . . . 6) von einem gravamine extrajudiciali [a]), welches zwar extra viam et ordinem processus, jedoch in Kraft obrigkeitlichen Amts

a) Extrajudizialbeschwerde hat in allen Pflegschaftssachen gegen die Vormundschaftsbehörde statt insbesondere auch gegen die Befehle, welche die Obervormundschaft auf Grund der Pflegschaftsakten gegen einen Schuldner des Pfleglings auf Zalung 2c. erläßt, gegen die verhängt wird, allerdings appellirt werden, und ist man 7) weder bei jetztverstandenem gravamine extrajudiciali, noch futuro an die Appellationsformalien [b]) und Fatalien [c]) so genau gebunden, so lange wenigstens nicht ein ordentliches Erkenntniß oder eine Verordnung cum plena causae cognitione [d]) darüber ergangen ist. [e]) —

Cap. XVI. Von der restitutione in integrum, der Nullität und andern remediis juris.

§ 1. (Von dem remedio restitutionis in integrum.)

Restitutio in integrum kann zwar sowohl gegen extrajudizielle, als Judizialhandlungen von Minderjährigen und andern Personen aus rechtserheblichen Ursachen in gewissem Maße und Zeit principaliter und incidenter gesucht werden. Wenn man sich aber ihrer als ein remedium juris contra sententiam bedient, so ist Folgendes zu beobachten: 1) Hat sie weder bei Minderjährigen noch Andern statt, so lange noch ein remedium ordinarium, z. B. appellatio, revisio, possessorium plenarium aut petitorium übrig ist. 2) Kann sie anders nicht, als aus solchen novis ergriffen werden, welche die Hauptsache selbst in facto merklich alteriren, mithin nicht nur an sich erheblich, sondern auch vollständig und genug erwiesen sind. Nebstdem muß der Impetrant auf gegentheiliges Begehren mit einem Eide oder in anderem Wege darthun, daß er von diesem novis entweder nichts gewußt, oder sie wenigstens legal beizubringen ante sententiam nicht vermögt habe. Minderjährige selbst sollen sich der Restitution contra sententiam auf keine andere Weise als ex

---

Vormundschaftsbestellung über Minderjährige, Wahnsinnige, Verschwender; die Anordnung einer cura bonorum für Abwesende und Gebrechliche; Verfügungen über die Verbindlichkeit zur Uebernahme einer Vormundschaft oder über das Recht darauf (soferne Letzteres nicht Gegenstand eines Streites unter mehreren darauf Anspruch machenden Personen ist); über Inventarisation und Aufbewahrung des Vermögens; über Verwaltungshandlungen, rechtliche Vertretung des Pfleglings, Konsensertheilung, Rechnungsführung, Rechnungsstellung, Vermögensaushändigung u. dgl.; Verfügungen über Verschollenheit u. Todeserklärung. (Bl. f. R.-A. IV. 171. VIII. 29. II. 165); gegen die Beschlüsse des Depositenamts in Bezug auf Annahme, Verwahrung und Anlegung, sowie auf Aushändigung von Depositen. (Vergl. überhaupt: Seuffert, Commentar zur b. G.-O. Cap. XV. § 5. Bd. IV. S. 70—82.)

b) Die Extrajudizialbeschwerde kann daher sowohl beim Unterrichter als beim Oberrichter eingereicht werden. Ersterenfalls wird sie vom Untergerichte mit Beschaffenheitsbericht und mit den Akten an das Obergericht vorgelegt; im andern Falle wird die eingereichte Schrift, wenn nicht aus ihrem Inhalte der Ungrund der Beschwerde erhellt, dem Untergerichte zur Berichtserstattung und, wo dieß erforderlich scheint, mit dem Auftrage, die Akten vorzulegen, zugefertigt. Auch auf das Dasein der Berufungssumme kommt es nicht an. (Seuffert, Commentar IV. S. 80.)

c) Fatalien = Nothfristen. Es hindert also der Ablauf der für die ordentlichen Prozeß-Appellationen bestehenden Nothfristen nicht. Nach einem O.-A.-G.-E. v. 15. Nov. 1828 (Bl. f. R.-A. II. 116.) wäre die Beschwerde als versäumt zurückzuweisen, wenn die Einreichung etwa erst nach Ablauf des doppelten jener Nothfrist geschah. — Handelt es sich aber um Einschreitungen, welche den Gerichten resp. der Aufsichtsbehörde von Amtswegen obliegen, so kommt es überhaupt auf Einhaltung einer Frist nicht an. (Seuffert, Commentar IV. S. 80—81.)

d) also nur in einem wirklichen Prozesse. (Seuff. Comm. IV. S. 81.)

e) Zurücknahme und Abänderung der beschwerenden Verfügung durch den Unterrichter selbst ist zulässig. A. a. O.

novis zu erfreuen haben; es zeige sich denn, daß zu ihrem wirklichen Nachtheile in processu etwas ihrerseits unterlassen oder andererseits gefährlicher Weise begangen worden sei. 3) Soll sie von der Zeit an, da sich obgedachte nova vermöge abgelegten Eides hervorgethan haben oder wenn es noch während der Minderjährigkeit geschehen ist, von der Zeit der nach hiesigen Landrechten oder sonst aus spezieller Gnade erlangten Majorennität, längstens innerhalb 4 Monaten sub poena desertionis angebracht werden u. z. *) 4) . . . . Was aber 11) Restitution in integrum betrifft, welche nur contra lapsum fatalium aut termini praejudicialis oder sonst incidenter gesucht wird, so ist erstlich die bloße Minderjährigkeit oder eine andere rechtserhebliche und zureichend bescheinigte Ursache dazu hinlänglich; zweitens soll dieselbe contra lapsum fatalium aut termini praejudicialis alle Zeit innerhalb soviel Zeit, als man zuvor re adhuc integra gehabt hätte, u. z. im erstern Falle bei dem höhern Richter, im letztern aber bei dem Richter, welcher den terminum praejudicialem ertheilt hat, gesucht werden; drittens soll die Untersuchung resp. der Beweis hierin nur summarie geschehen und daher nach Gestalt der Dinge nicht nur Minderjährigen, sondern auch Andern auf beigebrachte genügende Bescheinigung ihres Alters oder andrer erheblicher Restitutionsursachen allenfalls auch ohne Vernehmung des Gegentheils, zu Latein: brevi manu mit der gebetenen Restitution willfahrt werden. Endlich kann 12) restitutio ex capite minorennitatis sowohl contra sententiam als sonst in andere Wege den volljährigen Litis-Consorten nur soweit zu Gute kommen, als sich die Gerechtsame des Minderjährigen von der ihrigen nicht absondern läßt.

Cap. XVII. Von Endigung des Streits durch Vergleich 2c.

§ 1. (Von dem Vergleiche.)

. . . . 4) Es muß aber auch derjenige, welcher sich vergleichen will, seiner selbst mächtig und mit Andern zu handeln berechtigt sein, da im widrigen Falle ein solcher Vertrag, ungeachtet des etwa beigefügten Juraments, von keiner Gültigkeit ist. . . . 7) Curatoren und Vormünder können in Sachen, ihre Pflegebefohlenen betreffend, sich zwar wohl vergleichen; wenn es aber unbewegliche oder solche Güter betrifft, welche sich leicht erhalten lassen **), so soll von des Pflegbefohlenen ordentlicher Obrigkeit, oder wenigstens dort, wo der Streit anhängig ist, der Consens erholt, dieser auch bei vorwaltender erheblicher Ursache nach derselben vorläufiger hinreichender Einsicht weder erschwert, noch abgeschlagen ***), sondern unverweigerlich und zwar ohne die bisher öfters gebrauchte Clausel: salvo jure pupillari hierauf ertheilet werden. . . . . . 12) Was aber auf obgedachte Weise einmal mit

---

*) Man vgl. die Prozeß-Novelle vom 22. Juli 1819 § 7 Z. 2 und vom 17. November 1837 § 39.

**) Hiezu gehören auch die Forderungen, daher Alimentenvergleiche der obrigkeitlichen Genehmigung bedürfen, s. Bl. f. R.-A. Bd. XXIV. S. 349.

***) s. Bl. f. R.-A. Bd. II. S. 165.

beiderseitigem gutem Wissen und Willen verglichen ist, kann weder ex capite erroris, laesionis ultra dimidium, vel instrumentorum noviter repertorum aut non inspectorum, noch auf andere Art mehr angefochten werden, es sei denn, daß eine offenbare Gefährde mit unterlaufen sei, oder wenn es minderjährige Personen betrifft, eine merkliche und augenscheinliche Läsion dargethan werden könne. . . . . .

Cap. XVIII. Von der Exekution.

§ 4. (Sachen, worin die Exekution nicht Statt hat.)

. . . . . 3) Wenn die Exekution in eines Minderjährigen Vermögen vorzunehmen ist, so soll dieselbe auf Verlangen des Vormunds in immobilibus nicht eher vollstreckt werden, bis keine andern anständigen Exekutionsmittel an leicht zu versilbernden Mobilien und flüssigen Aktivschulden mehr vorhanden sind.

§ 10. (Von dem beneficio competentiae.)

Beneficium competentiae, kraft dessen der Schuldner nicht auf das gesammte Vermögen exequirt, sondern ihm zu seiner Lebensnothdurft und Alimentation etwas übrig gelassen werden soll, gebührt 1) vorzüglich leiblichen Kindern und Aeltern, Geschwistern, Eheleuten, Associrten, Verschwägerten sowohl in auf- als absteigender und in der Seitenlinie des ersten Grades, desgleichen denen von Adel oder sonst in großen Würden stehenden Personen, nicht minder approbirten Gemeinden, und formirten corporibus, endlich allen jenen, welche wegen einer großen Schenkung belangt werden. . . . . . .

Cap. XIX. Von dem Confursprozesse.

§ 8. (Von der Legitimation bei dem Confurse.)

. . . . Vormünder und Curatoren, welche nicht bei dem nämlichen Gerichte, wo der Confurs anhängig ist, bestellt werden, sollen 2) an dem erwähnten Tage das tutorium oder curatorium in forma probante beibringen*). . . . . . Und wenn endlich 7) in puncto legitimationis weder von dem Schuldner selbst, noch von einem der Gläubiger etwas eingewendet wird, so hat auch der Richter im Confursprozesse sich von Amtswegen nicht damit aufzuhalten.

§ 18. (Von dem curatore bonorum und contradictore communi in concursu.)

Wenn 1) das auf der Gant stehende Vermögen groß ist, und besonders in liegenden Gütern oder Aktivschulden besteht, so soll der Richter zu gleicher Zeit, da man ad concursum generalem schreitet, durch die Gläubiger einen tüchtigen curatorem bonorum per majora erwählen lassen, oder wenn sie sich nicht darüber veegleichen können, selbst einen von Amtswegen ernennen, und

*) S. dagegen Nov. v. J. 1819 § 36; v. J. 1837 § 113.

ihm 2) nach vorläufiger Inventarisation und abgelegter Pflicht gedachtes Vermögen zu dem Ende einräumen, daß er 3) dasselbe während des Konkursprozesses getreulich verwalte, was zur Gantmasse von Rechtswegen gehört und in anderen Händen befindlich ist, wieder dahin zu bringen trachte, sich bei hochgültigen Gütern um anständige Käufer zeitlich bewerbe, die ausstehenden Aktivschulden durch rechtliche Mittel und Wege beitreibe, auch nöthigenfalls die zahlflüchtigen (säumigen) Schuldner bei ihrer gehörigen Obrigkeit belange und endlich den sämmtlichen Gläubigern über seine geführte Verwaltung in judicio concursus förmliche Rechnung ablege. Sachen, welche sich 4) ohne Schaden konserviren lassen, soll der Curator eigenmächtiger Weise von der Masse anders nicht, als auf Ratifikation der Creditoren veräußern, auch das baare Geld ohne ihr Wissen und Willen nicht ausleihen, noch weniger zu seinem eigenen Nutzen verwenden, sondern dasselbe zu Gerichtshanden ad depositum liefern. Den Gläubigern steht 5) frei, den erwählten oder bestellten Curator aus rechtserheblichen Ursachen wieder abzudanken, und statt seiner einen andern aus ihrer Mitte, oder sonst per majora zu erwählen, oder wenigstens einen, oder mehreren zu adjungiren, in welchem Falle 6) keiner ohne den Andern etwas zu verfügen die Macht hat; wenn nicht das curatorium die Clausel „sammt und sonders“ enthält. 7) Darf sich ohne erhebliche Ursache Niemand weigern, die ihm angetragne Curatel zu übernehmen, vielmehr die einmal übernommene wieder abzugeben. Was ferner 8) durch des Curators bezeigten merklichen Unfleiß die Gläubiger Schaden erleiden, soll dieser wieder ersetzen. Dagegen gebührt ihm 9) für seine hiebei gehabte Mühewaltung eine verhältnißmäßige Belohnung, welche ihm die Obrigkeit, im Falle er sich mit den Creditoren nicht darüber vergleichen kann, der Billigkeit nach auszusprechen, und sowohl diese, als alle andern nöthigen Curatelskosten den gerichtlichen in erster Classe bei Verfassung des Prioritätserkenntnisses gleichzuschätzen hat. Uebrigens kömmt 10) den Gläubigern auf des Curators eigne Güter wegen seiner geführten Verwaltung, wenn nicht ein Anderes ausdrücklich bedungen ist, weder eine legale Hypothek, noch ein anderes Vorzugsrecht zu. Die Bestellung eines gemeinschaftlichen Contradiktors aber, welcher 11) die Stelle des Schuldners gegen die Gläubiger im Konkurse zu vertreten hat, soll an jenen Orten, wo dieselbe bisher nicht üblich gewesen ist, auch in Zukunft unterlassen werden, und jeder Gläubiger gleichwohl selbst gegen seine anderen Mitgläubiger sowohl in Ab-, als Anwesenheit des Schuldners die Stelle des Contradiktors so gut er kann und mag, zu vertreten haben.

2.

Gesetz vom 22. Juli 1819.

Einige Verbesserungen der Gerichtsordnung betr.

III. Vom Ungehorsam des Beklagten.

§ 6. . . . . . Gegen Vormünder oder Curatoren und Administratoren des Stiftungs- und Gemeinde-Vermögens und deren Anwälte, dann die königlichen Fiskale kann statt des Rechtsnachtheils in der Hauptsache nach Cap. V § 10 auf eine Geldstrafe angetragen werden, womit jedoch nach zweimaligem Ungehorsam bei Androhung der dritten Geldstrafe eine Anzeige an die Behörde des Säumigen zu verbinden ist, damit dieselbe gegen dessen anhaltende Nachlässigkeit die geeigneten Maßregeln ergreifen kann.

IV. Vom Calumnien-Eide.

§ 7. . . . . Die Bestimmungen der Gerichtsordnung Cap. XIII § 6 über die Calumnien-Eide sind aufgehoben; der Eid vor Gefährde hat künftig nur in nachfolgenden zwei Fällen statt: . . . . . 2) bei dem Rechtsmittel der Wiedereinsetzung in den vorigen Stand nach Maßgabe der Gerichtsordnung Cap. XVI § 1 Nro. 2.

3.

Hypotheken-Gesetz für das Königreich Bayern vom 1. Juli 1822.

(Ges.-Bl. 1822 Nro. 2 S. 17—100.)

§ 9. II. Entstehung einer Hypothek.

Zu einer Hypothek werden erfordert:

I. Ein Rechtstitel zu deren Erwerbung, welcher entweder:

1) In einer Bestimmung des Gesetzes selbst, *) oder,

2) In dem erklärten Privatwillen **) liegen kann;

II. Die Eintragung der Forderung in das Hypothekenbuch.

§ 10. Der Rechtstitel allein bewirkt die Hypothek nicht, sondern nur das Recht, diese durch Eintragung ***) in das Hypothekenbuch zu erwerben. . . . . . .

§ 11. III. Spezialität der Hypotheken.

Das Recht, eine Hypothek durch die Eintragung der Forderung zu erlangen, sofern es nicht durch Gesetz oder Vertrag auf bestimmte Immobilien beschränkt ist, erstreckt sich auf das ganze unbewegliche Vermögen des Schuldners. Doch soll auf Verlangen des Eigenthümers bei den auf einem gesetzlichen Rechtstitel beruhenden Hypotheken die Eintragung nur auf einen solchen freien Güterwerth beschränkt werden, welcher nach Abzug der vorstehenden Posten den Betrag der Forderung um ein Dritttheil übersteigt. †)

Die Eintragung in das Hypothekenbuch kann aber niemals anders als für eine der Summe nach bestimmte Forderung auf bestimmte Immobilien geschehen. Jede wirklich erworbene Hypothek muß demnach eine Spezialhypothek sein. — ††)

---

*) Ueber den gesetzlichen Rechtstitel s. § 12, Z. 5, 7, 8, 11. — § 20, 104, 110. —

**) Ueber den freiwilligen Rechtstitel s. § 13. 14, 16, 110. —

***) S. § 14, 16, 20, 21, 97, 104, 110, 115. —

†) S. § 20.

††) S. § 20.

§ 12. IV. Rechtstitel zur Erwerbung einer Hypothek. 1) gesetzliche.

Zur Erwerbung einer Hypothek sind kraft des Gesetzes selbst, und ohne daß dazu eine ausdrückliche Erklärung des Schuldners nothwendig wäre, folgende Gläubiger berechtigt:

5) Minderjährige und unter Curatel gesetzte Personen wegen aller aus der geführten Vormundschaft oder Curatel begründeten Forderungen auf den Immobilien ihrer Vormünder oder Curatoren und deren Bürgen, jedoch mit Rücksicht auf die Vorschriften des folgenden § 20. *)

7) Kinder wegen desjenigen, was sie als Vater- oder Muttergut oder sonst erworbnes Vermögen, oder als Voraus bei Einkindschaftungen zu fordern haben, auf den Immobilien ihrer Aeltern. **)

8) Legatarien und Erbschaftsgläubiger, deßgleichen die Miterben, wegen der in den Erbtheilungen bestimmten Hinauszahlungen und wegen Entwährung der darin enthaltenen Sachen, auf den zu der Erbschaft gehörigen Immobilien. ***)

---

*) Vgl. Instr. § 28 Z. 14; § 46. — G. C. Bd. I. S. 195. Z. 5; S. 308. — L. H. R. Bd. I. § 42. — N. Hdb. § 17 lit. A, c. — Dieser Rechtstitel ist ein rein persönlicher und kann daher mit der Cession (Abtretung) der Forderung nicht übertragen werden. — G.-O. cap. XX. § 14 no. 10 u. 11. — L. H. R. I. § 52 Nro. 1; § 54. — Bezüglich der Hypotheken der Minderjährigen gegen ihre Vormünder zur Zeit der Einführung des Hypotheken-Gesetzes vgl. § 16 Abs. 1 des Einf.-Ges. —

Vgl. HG. § 20; 57; 104; 163; 110. — Wann die für die Haftungen der Vormünder eingetragenen Hypotheken gelöscht werden dürfen s. HG. § 163. — Vorzugsrecht der nicht versicherten Forderungen der Minderjährigen an die Vormünder (IV. Klasse) s. Pr.-O. § 23 Z. 2. — Separationsrecht s. Pr.-O. § 4. — Klasse s. Pr.-O. § 15 ff. —

In Ansehung des beweglichen Vermögens der Kinder, welches dem Vater zur Verwaltung oder Nutznießung überlassen wird, erscheint dieser als Curator, und deßwegen ist er verbunden für dasselbe schon beim Antritt der Verwaltung Sicherheit zu bestellen. HG. § 12 Nro. 5 u. § 20. — G. C. I S. 248 § 2. — L. H. R. I. § 52 Nro. 3 u. § 54 Nro. 3 i. f. —

**) Vgl. Instr. § 28. Z. 14. — G. C. I. S. 201. — L. H. R. I. § 54. — N. H. § 17. — Rosenkranz, Hdb. d. Pfl. § 28 Not. 4. — HG. § 104, 110. — Separationsrecht der Kinder bei Erbschaften Dritter s. Pr.-O. § 3 Z. 5. Vorzugsrecht des nicht versicherten Aelternguts s. Pr.-O. § 23 Z. 1. — Das hypothecirte Elterngut kommt in die 2te Vorzugsklasse, das nicht versicherte in die 4te Classe, P.-O. § 15 fg.; § 23 Z. 1. —

Dieser Rechtstitel kann gegen die Immobilien des Großvaters oder der Großmutter von Enkeln und Urenkeln nur insofern angesprochen werden, als Erstere ein Vater- oder Muttergut ihrer Söhne oder Töchter noch in Handen haben. Für ein von den Großältern an Enkel angefallenes Erbgut können Letztere diesen Rechtstitel gegen die Immobilien des überlebenden Großvaters oder jene der Großmutter nicht ansprechen; L. H. R. I § 54 Nro. 2 lit. a. —

Dieser Rechtstitel äußert seine Wirkungen auf alle Immobilien des Vaters wegen des Mutterguts, nicht aber auf jene der 2ten Gattin desselben, deßgleichen auf alle Immobilien der Mutter wegen des Vaterguts, keineswegs aber auf jene ihres 2ten Gatten, wenn dieser sie auch zur Miteigenthümerin seines Besitzthums einsetzen würde. Dasselbe gilt auch bei Einkindschaftungen für den Voraus der Kinder eines jeden Ehetheils. Tritt jedoch der überlebende Ehetheil bei der zweiten oder weitern Verehelichung in eine allgemeine Gütergemeinschaft, so erstreckt sich dieser Rechtstitel auf das gemeinschaftliche Vermögen, s. L. H. R. I § 54 Nro. 3. —

Die Kinder bedürfen, wenn sie als Erben ihrer Mutter zu betrachten, und deren Rechte schon durch eine eingetragene Hypothek sicher gestellt sind, für dieses Muttergut keiner neuen Eintragung; diese würde vielmehr ihrer schon erlangten Priorität schaden; C. I S. 200; N. H. § 17 lit. A, e. —

***) Vgl. Instr. § 28 Z. 14. — G. C. I. S. 201 fg. — L. H. R. I § 55. — G. C. II

11) Gläubiger, wegen der nicht über 2 Jahre rückständigen Zinsen von Hypothekschulden, und wegen der über Ausklagung und Eintreibung der Hypothekschulden entstandenen Streitkosten, auf den Gütern, worauf ihre Hypothek eingetragen ist. *)

§ 13. 2) Erklärter Privatwille.

Durch erklärten Privatwillen kann eine Hypothek entweder in einer letztwilligen Verfügung, oder in einem Vertrage, entweder vom Schuldner selbst, oder von einem Dritten für den Schuldner (§ 4) zugestanden werden. **)

§ 14. Hiezu wird von Seite desjenigen, welcher die Hypothek bewilligt, das Recht und die Fähigkeit erfordert, über die Sache zu verfügen, womit er durch Hypothek Sicherheit bestellen will. ***)

Wie es mit Bestellung der Hypotheken bei dem Antritte einer Erbschaft unter der Rechtswohlthat des Inventars gehalten werden soll, ist im § 75 verordnet.

§ 16. Hat der Schuldner für eine an sich richtige Forderung die Eintragung der Hypothek, zu deren Vornahme er gehörig geladen worden, vor sich gehen lassen, so kann die eingetragene Hypothek aus dem Grunde, daß für diese kein Rechtstitel (§ 9) vorhanden gewesen sei, nicht angefochten werden. —

§ 20. Was insbesondere den § 12 no. 5 bemerkten Rechtstitel der Minderjährigen oder unter Curatel gesetzten Personen zur Erwerbung einer Hypothek auf den Immobilien ihrer Vormünder oder Curatoren betrifft, so ist der Vormund bei dem Antritte der Vormundschaft nur für diejenigen Theile des beweglichen Vermögens, welche ihm in Händen gelassen werden, mit einer, von der vormundschaftlichen Behörde hienach festzusetzenden und auf seine Immobilien einzutragenden bestimmten Summe Sicherheit zu leisten verbunden. — †)

S. 42 Nro. 6. — N. Hdb. § 17. — Bl. f. R.-A. XI S. 182; 187; — Partikularkonkurs bei Erbschaften s. Pr.-O. § 7, 8 Z. 4. — Vorzugsrecht der Alimente s. Pr.-O. § 12 Z. 3, 9; § 13, 14. —

*) Vgl. HG. § 43, 52. — Instr. § 28, Z. 14. — G. C. I S. 204 f. — L. H. R. I, § 58. — Bl. f. R.-A. IX, 61. — N. Hdb. § 17. — J. Hdb. S. 217, 253, Nro. 4, 6. —

**) Vgl. § 14, 16, 9, 10, 21, 97. — Letztwillige Verfügung s. G. C. I S. 219 fg. L. H. R. I. § 67. — Vertrag, L. H. O. § 172. — HG. § 15. — Nothwendigkeit der Errichtung einer Notariatsurkunde zu solchen Verträgen Art. 12, 14, 16 des Not.-Ges. —

***) Zur Bestellung einer Hypothek ist die Einwilligung der Miteigenthümer erforderlich, L. H. R. I § 28, 116. — N. Hdb. § 21. — Bevormundete Personen können nur durch ihre gesetzlichen Vertreter Hypothek bestellen; letztere sind überdieß an die von den Civilgesetzen für Veräußerungen vorgeschriebenen Bedingungen einen Rechtstitel zur Hypothek einzuräumen gebunden. L. H. R. I. § 72 Nro. 2. — L.-R. Th. I cap. 7 § 17; Th. II cap. 6 Nro. 3. — Die Verpfändung ist eine Veräußerung, der Vormund kann daher nur mit obrigkeitlicher Genehmigung Hypothek bestellen, L.-R. Th. II. cap. 6. no. 3; Th. I. cap. 7, § 13, no. 1, 2, 7. —

†) Cautionsleistung der Vormünder und Bürgen, G. C. I. S. 195. — L. H. R. I, § 52. — Cautionsleistung der Curatoren, L. H. R. II, § 99. — Größe der Caution vgl. G. C. I. S. 208; 217; 503—505. — L. H. R. I § 52. — N. Hdb. § 49. — Ueber

Es soll der Bedacht darauf genommen werden, daß jene Vermögenstheile, an welchen der Minderjährige beschädigt werden könnte, durch gerichtliche Deposition sicher gestellt, und damit diese Hypothek, wo nicht ganz überflüssig gemacht, doch die Summe derselben möglichst vermindert werde. *)

Eine weitere Sicherheit ist der Vormund auch in der Folge zu leisten nicht gehalten, solange er die gesetzlichen Obliegenheiten eines Vormunds, besonders wegen Rechnungsstellung, zur gehörigen Zeit genau beobachtet. **) Die vormundschaftlichen Behörden haben daher, wie überhaupt, die strengste Aufsicht über die Verwaltung der Vormünder zu pflegen, sofort vornehmlich dieselben zur Rechnungsablage in der vorgeschriebenen Zeit ernstlich anzuhalten und im Falle wahrgenommener Fahrlässigkeit oder säumiger Rechnungsleistung die Bestellung einer — den zu verrechnenden Einkünften des Vermögens angemessener Hypothek, oder eine verhältnißmäßige Erhöhung der eingetragnen Summen zu erwirken. — ***)

Auch sind diese Behörden berechtigt, für die nach gestellter Vormundschaftsrechnung erkannten Defekte sofort die Eintragung auf die Immobilien der Vormünder zu verlangen. — †)

§ 21. V. Erwerbung der Hypothek durch die Eintragung in das Hypothekenbuch.

Die Hypothek, als dingliches Recht, wird durch die förmliche Eintragung in das öffentliche und unter amtlichem Glauben geführte Hypothekenbuch erworben und erst von der Zeit dieser Eintragung an erhält eine Forderung die Rechte der Hypotheken, ohne Unterschied, ob das Recht sie zu erwerben, auf dem Gesetze (§ 12), oder auf dem Privatwillen (§ 13) beruht; jedoch kann keine Hypothek, auf welchem Rechtstitel dieselbe beruhe, ohne Vorwissen des Besitzers der zu verhypothecirenden Sache eingetragen werden. —

§ 31. 5) Von der Verjährung.

Jeder Eintrag in das Hypothekenbuch unterbricht die Verjährung zum Vortheile desjenigen, für dessen Rechte die Eintragung, Protestation oder Vormerkung geschehen ist. —

Wird ein solcher Eintrag nachher entweder mit Einwilligung des Betheiligten, oder kraft eines richterlichen Urtheils wieder gelöscht, so ist die Verjährung für ununterbrochen zu halten. —

§ 41. Der Brandversicherungsordnung vom 23. Februar 1811 (Reg.-Bl. 1811 Stück IX) gemäß:

1) Ist ein Schuldner, auf dessen noch nicht versicherten Gebäuden Hypo-

---

Cautionen sind nur Auszüge und Rekognitionsscheine, nicht Hypothekenbriefe passend, G. C. II S. 316. — Einf.-G. § 16. — Instr. § 46. — Bl. f. R.-A. X, 375. —

*) Deposition des Vermögens Minderjähriger, G. C. I, S. 249 Nro. 3. — L. H. R. I, § 52. — N. Hdb. § 49. —

**) Regeln zur Schonung der Vormünder rc., welche Sicherheit zu leisten haben, G. C. I, S. 503, 505. —

***) Rechte, Pflichten und Haftungen der Vormundschaftsbehörden, HG. § 20, 104 Nro. 4, 5. — G. C. I, 250 fg.; II. S. 59 fg. — L. HO. § 171 Nro. 4, 6. —

†) Defekte der Vormünder, G. C. I S. 252 Nro. 6. — L. HR. I, § 52. —

theken haften, verbunden, rücksichtlich dieser Gebäude, sobald ein Hypothekgläubiger gerichtlich darauf anträgt, der Anstalt beizutreten; es wäre denn, daß er zur Abtragung der Schuld binnen 3 Monaten, auch wenn bis dahin die Verfallzeit noch nicht verflossen wäre, sich anheischig machte, und hiefür vorläufige genügliche Sicherheit leisten könnte.

4) Der Austritt aus der Brandversicherungsgesellschaft ist denjenigen, welche nach ihrem Eintritte auf die eingeschriebnen Gebäude eine Hypothek bestellt haben, in solange verschlossen, als sie nicht darthuen, daß sie die nach ihrem Eintritte aufgenommenen und in das Hypothekenbuch eingetragenen Capitalien wieder abgetragen haben.

§ 97. Das Hypothekenamt soll jedoch zur Gültigkeit der einzutragenden Rechtsgeschäfte theils durch Erinnerung der Betheiligten, theils durch Vorladung derjenigen, deren Einwilligung zur Gültigkeit des Rechtsgeschäfts nothwendig scheint, und zur Erhaltung der Rechte eines Betheiligten mitzuwirken suchen, auch hat das Hypothekenamt, wenn demselben Veränderungen an den eingetragenen Gegenständen, z. B. durch Todesfälle, Erbtheilung, Verträge u. dergl. amtlich bekannt werden, jene Einleitungen zu treffen, welche zu den dadurch begründeten Löschungen oder Einträgen der Cessionen nothwendig sind. — *)

---

*) Ueber Verantwortlichkeit der Hypothekenämter im Allgemeinen vgl. HG. § 100 no. 2. — Instr. § 3, 9 no. 2; § 20. — G. C. II S. 46 no. 5. — L. HO. § 12, 24. — Verantwortlichkeit der Hypothekenämter für die Gültigkeit des einzutragenden Rechtsgeschäfts, G. C. I, S. 279 fg.; II, S. 35, 45. — L. HO. § 16 fg. — Ueber Mitwirkung durch Vernehmung der Betheiligten vgl. Instr. § 58. — G. C. S. 35. — L. HO. § 115, 125, 178. — Bei Besitzveränderungen überhaupt muß der neue Besitzer seinen Titel eintragen lassen, HG. § 138. — EG. § 4. — G. C. II S. 241 fg. — L. HO. § 64. — Verantwortlichkeit der Hypothekenämter für die amtliche Berichtigung der Veränderungen an den Rubriksgegenständen, HG. § 99 no. 2. — G. C. II S. 35 u. 41 fg. — L. HO. § 17—19. — Pflichten des Hypothekenamts bei Todesfällen, HG. § 153. — G. C. II S. 293 no. 3. — L. HO. § 182. — Pflichten des Hypothekenamts bei Erbtheilungen, G. C. II S. 33 fg. — Bei Löschungen, HG. § 158; G. C. II S. 34, 287 fg. — Bei Cessionen, HG. § 157; G. C. II S. 280 fg. —

Das Vater- und Muttergut, sowie den Voraus minderjähriger Kinder müssen die Hypothekenämter von Amtswegen anmelden; J. § 46 no. 2 u. § 56. — L. HO. § 122 lit. c. u. § 171 no. 4 u. 6. — N. Hdb. § 35. — HG. § 97; § 12 Z. 7. —

Rechtstitel ꝛc. Die Frage, ob der Notar auch verpflichtet sei, den stillschweigenden Hypothekentitel, welcher sich aus einer von ihm aufgenommenen Verhandlung ergibt, (HG. § 97), bei dem Hypothekenamte zur Eintragung anzumelden, ohne dazu besonders beauftragt zu sein, ist im Allgemeinen zu verneinen, weil die Anmeldung eines gesetzlichen Hypothektitels fakultativ der Wachsamkeit des Gläubigers überstellt ist und selbst bei Minderjährigen der Vormund oder Nebenvormund, eventuell die Vormundschaftsbehörde (HG. § 104 Z. 4) hiefür zu sorgen hat; der Notar wird jedoch gewiß sehr wohl thun, wenn er den Betheiligten auf diese Nothwendigkeit aufmerksam macht, um sich außer aller Verantwortlichkeit zu setzen. Die Vernachlässigung einer solchen Fürsorge begründet indessen wider ihn noch keine Haftung für den daraus etwa erwachsenen Schaden, wenn nicht die Umstände entnehmen lassen, daß die treffende Parthei die Berichtigung des ganzen Geschäfts mit Allem, was davon abhängt seiner Umsicht anvertraut hatte. In keinem Falle kann aber das Hypothekenamt sich weigern, einer unter solchen Umständen vorkommenden Anmeldung des Notars die entsprechende Folge zu geben, da der Letztere hiedurch nicht zum Mandatare des Gläubigers wird, sondern nur den wirksamen Vollzug eines Punktes veranlaßt, welcher ganz in die Sphäre seines Amtsgeschäftes

§ 104. Insonderheit sind befugt, die Eintragung einer Hypothek im Namen eines Andern zu verlangen:

4) Die Eintragung der den Minderjährigen und unter Curatel gesetzten Personen auf dem Vermögen ihrer Vormünder und deren Bürgen, sowie der den minderjährigen Kindern hinsichtlich des Vater- oder Mutterguts und sonst erworbenen Vermögens auf den Immobilien der Aeltern zustehenden Hypothek kann nicht nur von den Minderjährigen, dem Vormunde selbst, dem Nebenvormunde und der vormundschaftlichen Behörde, auch von jedem Verwandten, sondern selbst von jedem Dritten verlangt werden. Ist aus der Unterlassung ein Schaden für den Minderjährigen entstanden, so kann die Entschädigung von dem Nebenvormund und der vormundschaftlichen Behörde gefordert werden. *)

5) Den Eintrag der Hypothek der Ehefrauen kann, nebst dem Ehemann und der Ehefrau, jeder Verwandte derselben, wie auch das Gericht, welches die Ehepakten aufgenommen hat, verlangen; dieser Unterlassung wegen findet jedoch weder gegen Verwandte, noch gegen das Gericht eine Entschädigungsklage statt.

Auch soll die Ehefrau, hinsichtlich ihrer Rechte auf den Eintrag in das Hypothekenbuch für ihre Forderungen, durch die den Ehevertrag aufzunehmende Gerichtsbehörde, oder durch den Richter des Wohnorts unterrichtet werden. Ferner sind der Vormund, sowie der Nebenvormund einer minderjährigen Braut, und die vormundschaftliche Behörde bei eigner Haftung verbunden, den Eintrag in das Hypothekenbuch auf das Vermögen des Bräutigams für das Heirathsgut und alle der Nutznießung oder der Administration des Ehemanns überlassene Illaten zu besorgen. **)

§ 110. Gründet sich das Gesuch auf eine gerichtliche Urkunde, oder auf ein vor Gericht anerkanntes Testament, oder auf ein rechtskräftiges Urtheil,

---

einschlägt. Dasselbe gilt auch von der Anmeldung der Hypothek, die sich nach § 15 Abs. 2 des Hypothekengesetzes aus dem Eigenthumsvorbehalte bei dem Verkauf eines liegenden Gutes ergibt; Zink, Commentar zum Notariatsgesetze. Dollmann, Gesetzgebung des Kgr. Bayern, Th. 2 Bd. 3 S. 433. —

*) Berechtigung und Pflicht des Vormunds zur Anmeldung der Hypotheken der Minderjährigen und der unter Curatel gesetzten Personen, G. C. II. S. 59 fg. — L. HO. § 171, no. 4, 6. — N. Hdb. § 35. — Cautionsstellung der Vormünder, EG. § 16. — G. C. I S. 248. — L. HR. I § 52. — Vgl. § 12 Z. 5, 7, 8, 11 u. 20 des H.-G. — Ueber die Befugniß eines Dritten, oder eines Verwandten die Eintragung zu verlangen, G. C. II S. 59. — L. HO. § 171. — N. Hdb. § 35. — Regreßklage gegen den Vormund und die Vormundschaftsbehörde, G. C. II S. 59 fg. — L. HO. § 171 no. 4, 6. — N. Hdb. § 35. —

**) Ueber die gegenseitige Befugniß der Ehegatten 2c. 2c., Hypothekeintragung zu verlangen, vgl. G. C. II S. 59 fg. — L. HO. § 171 no. 5. — N. Hdb. § 35. — Verh. der St. v. J. 1822 Bd. II S. 130; Bd. III S. 268. — Belehrung der Ehefrauen durch die Gerichte, auch wenn keine Ehepakten errichtet wurden, G. C. II S. 59 fg. — L. HO. § 171 no. 7, jedoch überflüssig bei allgemeiner Gütergemeinschaft, G. C. II, S. 60; vgl. übrigens G. C. I S. 151, 152, 486 no. 3, S. 503 fg. — N. Hdb. § 35. — Ueber Sicherstellung des Vermögens der Braut vgl. Instr. § 46 no. 2. — G. C. II S. 59 no. 3. — L. HO. § 171 no. 6, 7. — Schadensersatz wegen Unterlassung der Eintragung der Rechte der minderjährigen Ehefrauen, G. C. II, S. 59 fg. — L. HO. § 20, 171 no. 5. — N. Hdb. § 35. —

und sind hierüber die Dokumente in Urschrift, oder in einer gerichtlich beglaubigten Abschrift vorgelegt worden, oder wird die Eintragung von einem Gerichte angesonnen, oder die Eintragung der wegen einer Verwaltung oder Curatel im Gesetze gegründeten Hypotheken von der vorgesetzten Behörde, oder wird endlich die Eintragung der gesetzlichen Hypotheken für Rückstände an jährlichen Zinsen von Hypothekkapitalien verlangt, so ist das Gesuch dem Besitzer der zu verhypothecirenden Sache mit Anberaumung eines Termins von 8 Tagen zu seiner etwaigen Erinnerung mitzutheilen; außer diesen Fällen aber, und wenn das Gesuch an sich zu einem Eintrage in das Hypothekenbuch geeigenschaftet ist, ist derselbe vom Hypothekenamte unter Anberaumung eines Termins, der jedoch nie dreißig Tage übersteigen darf, zu seiner Vernehmung über die nachgesuchte Eintragung vorzuladen.

In allen Fällen hat jedoch die Vormerkung der verlangten Eintragung sofort nach eingereichtem Gesuche, und vor erlassener Ladung zu geschehen. *)

§ 111. Läßt der Vorgeladene die im § 110 vorgeschriebenen Termine ohne Protestation und ohne Erklärung verstreichen, so geht auf weiteres Ansuchen des Betheiligten die Vormerkung in eine förmliche Eintragung über, es wird davon das Geeignete im Hypothekenbuche bemerkt, und zu den hiernach angemessenen Ausfertigungen geschritten.

Derjenige, gegen welchen eine solche Eintragung gerichtet ist, verliert durch diesen Uebergang der Vormerkung in eine Eintragung nichts an den Rechten gegen den Impetranten, in Ansehung eines jeden Dritten aber treten die im § 25, 26, 47 und 83 bestimmten Wirkungen ein.

§ 112. Wenn der Vorgeladene in den gesagten Fällen binnen dem anberaumten Termine seine Zustimmung zu der nachgesuchten Eintragung erklärt, so hat das Hypothekenamt solche ohne Weitres vorzunehmen; wenn aber derselbe einen Widerspruch wider das Eintragungsgesuch erhebt, so hat das Hypothekenamt zuvörderst eine gütliche Ausgleichung unter den Betheiligten zu versuchen, in deren Ermanglung sind die Partheien zu dem Rechtswege zu verweisen.

Das betreffende Gericht hat das, nach Beschaffenheit der zur Begründung eines Eintragungsgesuchs vorgelegten Urkunden, durch die Gerichtsordnung vorgeschriebene Verfahren einzuleiten; das Hypothekenamt hat aber

---

*) Ueber Beschaffenheit der gerichtlichen Urkunde, auf welche sich ein Eintragungsgesuch gründet, vgl. G. C. II. S. 92 no. 6. — L. HO. § 112. — Testament zur Begründung eines Eintrages, HG. § 141. — G. C. II. S. 88 fg.; S. 246, no. 2. — L. HO. § 112, 159, 186. — Gerichtlich beglaubigte Abschrift von Hypothekenurkunden, RA. 13, V 57. — R. Ges. und Vdg. VI, 227, 228. — Requisitionen eines Gerichts um Eintragung, G. C. II S. 78, 91 in not. u. S. 208. — L. HO § 112. — Bl. f. RA. VIII S. 239. — Verfahren auf das Gesuch, rückständige Hypothekzinsen einzutragen, HG. § 110. — G. C. II S. 88 fg. — Ueber den Vorladungstermin vgl. G. C. II S. 72 fg. — L. HO. § 112. — Termin von acht und von dreißig Tagen zur Vernehmlassung der bei der Eintragung Betheiligten, G. C. II S. 91 fg. — L. HO. § 112. — Begründung des Eintragungsgesuches durch richterliches Urtheil, HG. § 140, 142. G. C. II S. 91 no. 5. — L. HO. § 160, 166, 184, 186. — Nichtanwendbarkeit des § 110 des Hypothekengesetzes auf den Fall richterlicher Hülfsvollstreckung, Bl. f. RA. XIV, S. 267. —

mit allen weiteren Handlungen Instand zu halten und erst nach erfolgtem rechtskräftigem Erkenntnisse das Geeignete zu verfügen.

§ 115. Derjenige, zu dessen Vortheil eine Eintragung oder Vormerkung geschehen, kann darüber einen Rekognitionsschein, und wenn für eine Schuld eine Hypothek eingetragen wurde, einen förmlichen Hypothenbrief verlangen. Weder das Eine noch das Andere darf ihm verweigert werden.

§ 116. Wem die Einsicht des Hypothekenbuchs zu gestatten ist, ist im Titel I § 24 bestimmt.

Auszüge aus dem Hypothekenbuche sind dem Besitzer des Grundstücks, dem Lehen- oder Grundherrn, jedem, dem darauf ein Realrecht zusteht, jedem mit einer Hypothek eingetragenen oder vorgemerkten Gläubiger, jedem Cedenten und Cessionar derselben, deßgleichen jedem Gerichte vom Hypothekenamte mit beigefügter Beglaubigung zu geben. Verlangt ein Dritter einen Auszug, so muß hierüber der Besitzer der Sache vorher vernommen werden.

§ 159. Ist der Inhaber der Hypothekforderung, auf deren Löschung angetragen wird, abwesend, und dessen dermaliger Aufenthalt unbekannt, so hat der Eigenthümer, welcher eine erfolgte Löschung der Hypothek behauptet, unter Vorlage der Beweismittel von dem zuständigen Richter die Ediktalcitation des Abwesenden nachzusuchen, welche hierauf gemäß Cap. V § 3 Cod. Jud. zu verfügen ist. Erscheint der Vorgeladene in dem anberaumten Termine, so ist nach Vorschrift der Gerichtsordnung weiter zu verfahren. Bleibt er aber aus, so wird, im Falle der Antrag auf Löschung der Hypothek in gerichtlichen Urkunden sich gründet, nach Produktion derselben die Erlöschung der Hypothek für zugestanden erachtet, hiernach die Löschung von dem Gerichte erkannt, und auf erfolgte Mittheilung des Erkenntnisses an das Hypothekenamt, von demselben vollzogen. — Sind dagegen von dem die Löschung Nachsuchenden Privaturkunden, oder anderweite Beweismittel der behaupteten Erlöschung der Hypothek beigebracht, so wird, wenn der Abwesende nicht schon mit einem Curator versehen ist, demselben ein curator ad hoc beigegeben, und mit solchem das Beweisverfahren bis zum Endurtheil fortgesetzt, nach dessen Maßgabe dann vom Hypothekenamte das Weitere, wie oben, zu verfügen ist.

In allen übrigen Fällen, wo die Löschung der für einen Abwesenden eingetragenen Hypothek nachgesucht wird, hat das zum § 82 angeordnete Amortisationsverfahren einzutreten.

§ 163. Die Löschung der Hypotheken, welche für die Haftung der Beamten, Verwalter, Vormünder oder Curatoren dem Titel I § 12 no. 2 und 5 gemäß eingetragen sind, und nicht schon bei der Bestellung auf eine bestimmte Zeit beschränkt wurden, kann nicht mit dem Ende der Verwaltung, sondern erst alsdann gefordert werden, wenn die vorgesetzte Behörde, oder der zu dessen Vortheil die Eintragung geschehen, nach erlangter Fähigkeit, über sein Vermögen zu disponiren, den Verwalter oder Curator von aller Verbindlichkeit losgezählt hat. —

4.

Prioritäts-Ordnung für das Königreich Bayern vom 1. Juni 1822.

(Gesetz-Blatt 1822 Nro. 2 S. 101—124.)

I. Allgemeine Haftung des Vermögens.

§ 1. Jeder haftet mit seinem gesammten, sowohl unbeweglichen, als beweglichen, gegenwärtigen und zukünftigen Vermögen allen seinen Gläubigern. Unter diesen richtet sich der Vorzug nach den im gegenwärtigen Gesetze enthaltnen Bestimmungen.

II. Separations-Recht.

1) Im Allgemeinen.

§ 2. Diejenigen, deren Eigenthum im Gewahrsame des Gemeinschuldners sich befindet, können dessen Absonderung vom Vermögen des Schuldners verlangen, ohne Unterschied, ob dieses fremde Eigenthum in unbeweglichen oder beweglichen Sachen besteht.

Dabei wird jedoch vorausgesetzt, daß es bei Ausbruch des Conkurses noch in der Natur unter dem Vermögen des Gemeinschuldners sich befunden habe.

In dieser Voraussetzung erstreckt sich das Separationsrecht auch auf baares Geld oder andere verbrauchbare Sachen, so lange sie nicht mit dem Gelde oder den Sachen des Gemeinschuldners vermischt sind.

§ 3. Dieses Separationsrecht findet daher statt:

5. In Ansehung derjenigen Sachen, welche die Kinder des Gemeinschuldners von andern Personen geerbt, geschenkt erhalten oder sonst eigenthümlich erworben haben.*)

§ 4. Das Separationsrecht findet bei den in Geld oder Obligationen gestellten Amtskautionen wegen aller aus der Amtsführung oder Verwaltung entspringenden Forderungen gegen Beamte oder Verwalter statt.

2) Besonders bei dem Ewiggeld.

§ 6. Das Separationsrecht steht ferner dem Ewiggeld der Stadt München sowohl in Ansehung der Kapitalien, als der davon zu entrichtenden jährlichen Gilten und Zinsen zu.

Ist die Sache nicht blos mit Ewiggeldern, sondern auch mit Hypotheken belastet, so hat von den jährlichen Gilten neben dem bei Eröffnung der Gant

---

*) Separationsrecht der Pekulien der Kinder, L. HR. II S. 17. — N. Hdb. § 83.

In Ansehung derjenigen Sachen, welche die Kinder des Gemeinschuldners von andern Personen geerbt, geschenkt erhalten, oder sonst eigenthümlich erworben haben, steht diesen das Separationsrecht zu. Die Vindikanten haben darzuthun, daß diese Sachen in der Gantmasse des Gemeinschuldners noch vorhanden seien, und daß ihnen das Eigenthum hieran zustehe. An den ordentlichen Adventizgütern steht dem Vater das Nutzungsrecht zu, dieselben müssen daher für die reklamirenden Kinder zwar abgesondert werden, das Nutzungsrecht gebührt aber der Gantmasse solange, als die väterliche Gewalt über die Kinder dauert, und der Vater des Nutzungsrechtes nicht verlustig wird; P.-O. § 3 no. 5. — L. HR. II § 17. — N. Hdb. § 83. —

laufenden Jahre, auch der Rückstand von den unmittelbar 2 vorhergehenden Jahren, den Vorzug vor den Hypotheken, dann folgen die Hypotheken, und nach diesen die andern Rückstände an ungefreiten Gilten. In Ansehung der gefreiten Gilten und der Ewiggeldkapitalien hat es bei den Ewiggeldrechten sein Verbleiben.

III. Partikular-Conkurs.

§ 7. Wenn gewisse Gläubiger das Recht haben, aus besondern Theilen oder Gegenständen des Vermögens eines Schuldners ohne Vermischung mit dessen übrigem Vermögen und mit andern Gläubigern ihre Befriedigung zu verlangen, so müssen diese Vermögenstheile ausgeschieden und unter die dazu berechtigten Gläubiger nach gesetzlicher Ordnung vertheilt werden.

Hieraus entsteht ein Partikularkonkurs, bei welchem in der Regel dasjenige zur Anwendung kommt, was vom Universalkonkurse verordnet ist.

§ 8. Ein solcher Partikularkonkurs findet Statt:

1) Bei Lehen, rücksichtlich der Lehensschulden;
2) Bei Familienfideikommissen, rücksichtlich der Fideikommißschulden;
3) Bei dem Ewiggelde;
4) Bei Erbschaften in Ansehung der Legatarien und Erbschaftsgläubiger, wenn die Erbschaft entweder noch gar nicht angetreten oder noch unvertheilt ist; desgleichen wenn sie nach angetretner Erbschaft innerhalb eines Jahres die Absonderung gerichtlich erlangt haben, und erbschaftliche Stücke bei dem Erben noch in der Natur vorhanden sind. *)

IV. Ordnung der Gläubiger.

§ 11. Der Vorzug unter den Gläubigern, welche ihre Bezahlung aus dem Vermögen des Schuldners erwarten müssen, richtet sich nach der in den folgenden §§ 12—29 bestimmten Ordnung.

A. Erste Classe.

§ 12. Zur ersten Classe gehören:

1) die nothwendigen Begräbnißkosten des Schuldners, seiner Ehegattin und Kinder, wenn sich die Todesfälle während des Conkurses, oder im letzten halben Jahre vor dessen Eröffnung ereignet haben;
2) die Kosten, welche im letzten Jahre vor eröffnetem Conkurse wegen Krankheit des Schuldners und seiner Familie für Aerzte, Wundärzte, Hebammen und Arzneien entstanden sind;
3) die während des Conkurses laufenden Alimente, welche der Gemeinschuldner Jemanden zu reichen schuldig ist, soferne nicht eine bloße Handlung der Freigebigkeit denselben zum Grunde liegt. **)

---

*) Ueber das Recht der Erbschaftsgläubiger und Legatare auf Partikularkonkurs vgl. L. HR. II, § 30 no. 2. — N. Hdb § 37 u. 95. —

**) Ueber Lokation der Alimente in der I. Classe Nro. 3 und 9 vgl. L. HR. II § 6 no. 3, 8. — N. Hdb. § 97 no. 3, 8. — Bl. f. RA. IX, 276. —

Was jedoch die während des Conkurses laufenden Alimente betrifft, so wird vorausgesetzt, daß dieselben ungeachtet der ausgebrochenen Gant noch geschuldet werden. Dies ist aber

9) Für eben diesen Zeitraum der Rückstand an den oben Nro. 3 bezeichneten Alimenten. *)

§ 13. Die im vorhergehenden § 12 Nro. 3—8 bemerkten Leistungen und Abgaben, welche während des Conkurses fällig werden, sollen zur Verfallzeit aus den vorhandenen Mitteln unverzüglich entrichtet werden. Ist dieses nicht geschehen, so erstreckt sich deren Vorzug auf alle, davon während des Conkurses aufgelaufenen Rückstände.

§ 14. Die in der ersten Classe aufgezählten Forderungen gehen allen Forderungen der folgenden Classen in Ansehung aller Vermögenstheile des Schuldners vor; unter sich selbst haben sie den Vorzug nach der im § 12 aufgestellten Ordnung.

D. Vierte Classe.

§ 23. Zu der vierten Classe gehören, wenn ihnen weder ein Separationsrecht, noch wegen einer für ihre Forderung erlangten Hypothek oder aus einem andern Grunde der Vorzug in einer der vorhergehenden Classen zusteht.

1) Die Kinder des Gemeinschuldners in Ansehung desjenigen, was sie von demselben als Vater oder Muttergut oder als Voraus bei Einkindschaftungen oder als sonst erworbnes Vermögen zu fordern haben. **)

---

hinsichtlich der gesetzlichen Alimente, deren Grund in der Verwandtschaft oder im ehelichen Verhältnisse liegt, nicht der Fall, weil die Verbindlichkeit zu diesen erlischt, wenn dem Pflichtigen nichts mehr übrig ist, wenn derselbe an eigner Nahrung Abbruch leidet. Auch der Alimentationsanspruch unehelicher Kinder des Gemeinschuldners fällt mit Ausbruch der Gant weg. Bl. f. RA. IX, 276. —

Die Rückstände von Alimenten aus früherer Zeit kommen, soferne für sie keine Hypothek bestellt ist, oder sonst kein besonderer Vorzug nachgewiesen werden kann, in der 5ten Classe auf dem 1ten Platze zum Zuge. Pr.-O. § 23 no. 2. — L. HR. II § 36 no. 3 lit. a. — N. Hdb. § 97 no. 8 i. f. — Bl. f. RA. XII S. 14. —

Eine im Hypothekenbuche eingetragene Alimentenabfindungssumme ist unter den Hypothekforderungen zu lociren. Bl. f. RA. XVII S. 94. —

*) Für eben diesen Zeitraum d. h. nach Ziff. 6 für die neben dem bei Eröffnung des Conkurses laufenden Jahre noch von den unmittelbar 2 vorhergehenden Jahren. — Locirung einer Alimentenabfindungssumme, Bl. f. RA. XVII, 94, — Locirung des Ausgedings in II. Classe, s. Bl. f. RA. XII, 14. —

**) Ueber Lokation des Muttergutes ꝛc. der Kinder in der Classe IV Nro. 1 vgl. § 24. — L. HR. II § 51 Nro. 1. — N. Hdb. § 106 Nro. 1. — Bl. f. RA. IX, 284; XV, 241; IX, 301; XXIV, 92. — Voraussetzungen, unter welchen Enkel wegen Forderungen an ihre Großältern das Vorzugsrecht der IV. Classe erlangen. Bl. f. RA. III, 326; XV, 241; XIX, 301. — Vorrang einer Waarenforderung vor dem Muttergute der Kinder, wenn die verstorbne Ehefrau des Cridars mit diesem zu offnem Kram und Laden gesessen; Bl. f. RA. XVII, 124. — Bei Geltendmachung der Muttergutsforderung im Conkurse des Vaters erscheinen die Kinder als Erben ihrer Mutter; Bl. f. RA. XVII, 140. —

Dieses Vorzugsrecht genießen übrigens nur die bereits in Verträgen ausgemachten, ausgezeigten Vater- und Muttergüter, und die peculia non profectitia, weil die Kinder auf das peculium profectitium keinen eigenthümlichen Anspruch haben, und wenn kein Vertrag über Vater- oder Muttergut noch geschlossen ist, lediglich im Namen ihres Vaters oder ihrer Mutter auftreten und dorthin locirt werden müssen, wohin diese selbst von Rechtswegen gehören, N. Hdb. § 106 lit. A a. — L. HR. II § 51. —

Auch Enkeln gebührt für das ihrem vorher verstorbenen Vater oder ihrer vorher verstorbenen Mutter ausgewiesene Vater- oder Muttergut, soferne es sich in den Händen des

2) Die Minderjährigen und unter Curatel gesetzten Personen in Ansehung desjenigen, was sie aus der Vormundschaft oder Curatel von den Vormündern oder Curatoren und deren Bürgen zu fordern haben. *)

§ 24. Reicht dasjenige, was nach Befriedigung der ersten 3 Classen von der Conkursmasse übrig bleibt, zur Zahlung der sämmtlichen Gläubiger 4ten Classe nicht hin, so sind die sub Nro. 1, jedoch mit der unten zu erwähnenden Beschränkung und Nro. 2 des § 23 bemerkten Gläubiger vorerst mit ihren ganzen Forderungen zu befriedigen.

Die unter den übrigen Nummern aufgeführten Gläubiger theilen sich dann in den Ueberrest nach dem Verhältnisse ihrer Forderungen.

Der hienach den Kindern des Gemeinschuldners eingeräumte Vorzug hat sich blos auf die in väterlicher Gewalt stehenden Kinder zu beschränken, so daß die übrigen Kinder zwar auch noch in dieser Classe stehen bleiben, aber

---

Großvaters oder der Großmutter und des nunmehrigen Gemeinschuldners befindet, das Vorzugsrecht der 4ten Klasse. Für das den Enkeln von großväterlicher Seite angefallne und in den Händen des noch lebenden und nun verganteten Großvaters, oder in jenen der Großmutter befindliche Vermögen kann aber das Vorzugsrecht in der 4ten Prioritätsklasse nicht angesprochen werden. L. HR. II § 51 Nro. 1. —

Hat der Gemeinschuldner das Vermögen seiner Kinder aus einem Rechtsgrunde überkommen, der mit dem älterlichen Verhältnisse nichts gemein hat, hat er z. B. Baarschaft seiner erstehelichen Kinder von der Vormundschaft derselben als Darlehen empfangen, so kann für diese Forderung das Vorzugsrecht der IVten Klasse nicht in Anspruch genommen werden, indem die Bestimmung der Pr.-O. voraussetzt, daß der Aszendent das fragliche Vermögen zufolge seines älterlichen Verhältnisses in Händen hatte; Bl. f. RA. III S. 336 u. XIX. 301. —

Ist die Mutter erst gestorben, nachdem sie selbst ihre eheweiblichen Forderungen im 1ten Ediktstage liquidirt, so können die sie beerbenden Kinder für die gedachten Forderungen das besondere Vorzugsrecht des § 24 Abs. 1 der P.-O. nicht in Anspruch nehmen; Bl. f. RA. IX S. 284. —

Kindergut. Das im Gesetz gebrauchte Wort „Kinder" steht der Anwendung des § 23 Z. 1 der Pr.-O. auf Deszendenten entferntern Grads nicht entgegen, da nach dem Sprachgebrauch der Gesetzessprache unter diesem Worte in der Regel auch Deszendenten entferntern Grads verstanden werden (vgl LR. Th. I cap. 4 § 3 no. 4; preuß. LR Th. I tit. 1 § 40); insofern nicht das Gesetz die Bedeutung des Worts „Kinder" ausdrücklich beschränkt, oder der Inhalt oder Grund der in Frage stehenden gesetzlichen Bestimmung eine Beschränkung der Bedeutung dieses Worts auf Deszendenten des 1. Grads nothwendig mit sich bringt, was bei den Forderungen der „Kinder" von welchen § 23 Z. 1 d. P.-O. spricht, keineswegs der Fall ist. Bl. f. R.-A. XXIII S. 71. — Die Fassung des § 23 Z. 1 d. Pr.-O. läßt allerdings entnehmen, daß die Kinder des Cridars nicht für Forderungen jeder Art, die sie an ihre Aeltern zu machen haben, das Vorzugsrecht der IV. Classe anzusprechen haben sollen; allein andrerseits ergibt sich auch aus dem im Gesetze gemachten Beisatze: „oder als sonst erworbenes Vermögen zu fordern haben," daß dieses Vorzugsrecht nicht auf Forderungen an Vater- und Muttergut, dann Voraus bei Einkindschaftungen beschränkt werden wollte. Unter diesem „sonst erworbenen Vermögen" aber ist jedenfalls auch jenes Vermögen zu verstehen, das den Kindern von einem ihrer Aszendenten auf andre Weise als durch Vater- und Muttergutsauszeige oder durch Vorausregulirung zugefallen, und nicht unmittelbar in ihren Besitz gelangt, sondern ohne ihr Zuthun in die Hände des später in Conkurs verfallnen Aszendenten gekommen, oder in dessen Händen verblieben ist, da die ausdrückliche Erwähnung des Vater- und Mutterguts und des Voraus bei Einkindschaftungen in § 23 Z. 1 beweist, daß das Gesetz die durch die Einräumung des Vorzugsrechts beabsichtigte Fürsorge vorzugsweise dem von den Aszendenten herrührenden Vermögen zugewendet wissen wollte; Bl. f. RA. XXIII, S. 71.

*) Vgl. § 24. — L. HR. II, § 51 no. 2. — N. Hdb. § 106.

in der erwähnten Voraussetzung mit den übrigen Gläubigern der Classe verhältnißmäßig befriedigt werden.

Reicht die Masse nicht einmal zur vollständigen Befriedigung jener bevorzugten Gläubiger im Falle eines Zusammentreffens derselben im Conkurse hin, so sind dieselben unter sich nach Verhältniß ihrer Forderungen zu befriediegen. *)

5.

Gesetz vom 17. November 1837.

Einige Verbesserungen der Gerichtsordnung in bürgerlichen Rechtsstreitigkeiten betr.

Abschnitt I.

Von dem Verfahren bei den Untergerichten.

A. Das beschleunigte Verfahren im mündlichen Verhöre.

§ 10. Findet der Richter Mängel an der Fähigkeit eines Theiles, überhaupt oder allein vor Gericht zu handeln, oder an der Legitimation zur Sache, oder sonst an irgend einer gesetzlichen Vorbedingung zur wirksamen Verhandlung, oder bringt der Beklagte erhebliche, verzögerliche Einreden vor, so ist sogleich das Sachgemäße zu verfügen, und entweder mit Vorbehalt der nachträglichen Erfüllung des richterlichen Auftrags schließlich zu verhandeln, oder sofern der Richter dieß nicht angemessen findet, neue Tagsfahrt zur Erfüllung des Auftrags und zur Verhandlung selbst anzusetzen. Ist eine Ersetzung zu machen, so ordnet der Richter dieselbe bei der nemlichen Tagsfahrt an und ladet die Parteien auf einen neuen Termin vor.

---

*) Vgl. 23 — Bl. f. RA XV, 241; XVIII, 55; XV, 241; XXIV, 92. — Conkurriren Minderjährige und Pflegbefohlene aus verschiedenen Vormundschaften, so genießen deren Forderungen unter sich gleichen Rang und kommen daher im Falle der Unzureichenheit der Massa zur vollen Befriedigung der bevorzugten Gläubiger dieser Klasse nur nach dem Verhältnisse der Größe ihrer Forderungen zum Zuge; L. HR. II § 51 no. 2 lit. c. —

Wenn die Kinder bis zum Tode des Vaters in dessen Gewalt geblieben waren, so steht der Muttergutsforderung das im § 24 Abs. 1 d. Pr.-O. bestimmte Vorzugsrecht zu; Bl. f. RA. IX S. 284. —

Eine Waarenforderung hat den Vorrang vor dem Muttergute der Kinder, wenn die verstorbne Ehefrau des Cridars mit diesem zu offnem Kram und Laden gesessen; Bl. f. RA. XVII, 124. —

Der § 24 der Pr.-O. statuirt ein Privilegium, das die Kinder des Gemeinschuldners für ihre Forderungen vor den übrigen in die 4. Classe locirten Gläubigern genießen sollen, und hiebei wird verordnet, daß dieser Vorzug sich blos auf die in väterlicher Gewalt stehenden Kinder zu beschränken hat. Dieser Vorzug erstreckt sich daher nicht auf die Kinder einer Wittwe, wenn dieselben auch als minderjährig noch unter Vormundschaft stehen; Bl. f. RA. XXIV S. 92. —

Abschnitt II.

Von dem Ungehorsame im ersten Verfahren.

§ 23. Die Bestimmungen der §§ 18—22 gelten auch gegen Minderjährige, Stiftungen und Gemeinden und gegen den k. Fiskus. Es steht jedoch den Parteien frei, gegen die Vormünder oder Curatoren und Administratoren des Stiftungs- und Gemeindevermögens und deren Anwälte, dann gegen die k. Fiskale statt des Rechtsnachtheiles in der Hauptsache auf eine Geldstrafe anzutragen. Bei Androhung der zweiten Geldstrafe ist von dem Gerichte eine Anzeige hierüber an die Behörde des Säumigen zu erstatten, damit dieselbe gegen dessen anhaltende Nachlässigkeit die geeigneten Maßregeln ergreifen könne.

Abschnitt IV.

Fristen, Termine, Fristenverlängerungen, Terminsverlegungen, Wiedereinsetzungen ꝛc. ꝛc.

§ 38. Gegen das Versäumniß von Fristen oder Terminen findet Wiedereinsetzung in den vorigen Stand (Cod. jud. cap. XIV § 1 Nro. 11) nur dann statt, wann nachgewiesen wird, daß sowohl der Einhaltung der Frist oder des Termines, als der Stellung eines Gesuchs um Verlängerung oder Verlegung eine rechtserhebliche Ursache (§ 35 u. § 36) im Wege gestanden sei, vorbehaltlich dessen, was im cod. jud. Cap. VII § 10 verordnet ist.

Das Gesuch muß bei Strafe des Ausschlusses innerhalb einer unerstrecklichen Frist von 14 Tagen von der Zeit an, wo sich das Hinderniß gehoben hat, angebracht werden. Mit demselben ist unter dem nämlichen Rechtsnachtheile, die versäumte Handlung zu verbinden.

Ueber das rechtzeitig angebrachte Gesuch ist in der Regel der Gegentheil unter Ansetzung einer kurzen Frist oder in einem anzuberaumenden Termine, mit Androhung des Rechtsnachtheils, daß das Gesuch für bewilligt erachtet würde, zu vernehmen.

§ 39. Die Bestimmungen des gegenwärtigen Abschnittes finden auch auf die Minderjährigen und die denselben Gleichgestellten Anwendung, vorbehaltlich der ihnen nach den Civilgesetzen, dann nach der Gerichtsordnung Cap. XVI. § 1 Nro. 2 3ter Satz, zustehenden Rechte.

Für den königlichen Fiskus soll aber das Motiv, daß zu seinem Nachtheile im Prozesse etwas unterlassen worden sei, künftig in keinem Falle mehr ein Restitutionsgrund sein.

Ausnahmsweise soll jedoch die Bestimmmung des Cap. XVII § 10 der Gerichtsordnung analog Anwendung finden, wenn der prozeßführende Fiskal gegen seine Instruktion oder Vollmacht etwas unterlassen hat, wovon der Verlust des Prozesses die Folge, und die Erholung der Entschädigung für das Staatsärar wegen Insolvenz des Fiskals nicht möglich gewesen ist.

6.

Gesetz vom 26. Februar 1850.

Die Versammlungen und Vereine betr.

Art. 15. Frauenspersonen und Minderjährige können weder Mitglieder politischer Vereine sein, noch den Versammlungen derselben beiwohnen —

7.

Gesetz vom 30. Merz 1850.

Die Ausübung der Jagd betr.

Art. 18. Jagdkarten **müssen** verweigert werden:

1) den wegen Geisteskrankheit unter Curatel Gestellten oder notorisch Geisteskranken; . . .

Art. 19. Jagdkarten **können** verweigert werden:

1) den Minderjährigen und Verschwendern;

8.

Gesetz vom 28. Mai 1850.

Die Competenzkonflikte betr.*)

Zweiter Abschnitt.

Von den Competenzkonflikten zwischen den Gerichten in den Landestheilen diesseits des Rheins.

Art. 14. Wenn die Zuständigkeit zwischen 2 oder mehreren Gerichten streitig ist, so entscheidet darüber das den sämmtlichen streitenden Gerichten zunächst vorgesetzte Obergericht.

Fehlt ein gemeinsames Obergericht, so wird über die Zuständigkeit in einem oberstrichterlichen Senate entschieden ꝛc.

Art. 18. Wenn sich ein Streit zwischen den Gerichten über ihre Zuständigkeit in bürgerlichen Rechtssachen ergiebt, so ist jede Partei berechtigt, bei dem durch Art. 14 bestimmten Gerichte auf Entscheidung anzutragen.

Der Antrag ist mit dem Nachweise zu versehen, daß die Zuständigkeit streitig ist.

Art. 19. Das Gericht hat den Antrag unverzüglich einer vorläufigen Prüfung zu unterziehen.

Findet es denselben erheblich, so verordnet es die Mittheilung an die übrigen in der Sache betheiligten Personen zur Abgabe ihrer Erklärung binnen einer angemessenen kurzen Frist.

Gleichzeitig werden die im Streite befangenen Gerichte zur Vorlage der Akten angewiesen.

Art. 20. Das zur Entscheidung über die Zuständigkeit berufene Gericht kann verordnen, daß mit dem Verfahren in der Hauptsache innegehalten werde.

---

*) Vergl. das Einf.-Ges. zur neuen Prozeßordnung vom 29. April 1869 unten.

In Ansehung vorsorglicher Verfügungen findet die Bestimmung des Art. 6 Abs. 2 auch hier Anwendung.

(Art. 6. Abs. 2. Die im Conflikte begriffenen Behörden können jedoch unter den allgemeinen gesetzlichen Bedingungen vorsorgliche Verfügungen erlassen.)

Art. 21. Hinsichtlich der Entscheidung über die Zuständigkeit kommen die Bestimmungen des Art. 8 Abs. 1—4 u. Abs. 6 mit Ausschluß der Bekanntmachung des Erk. im Reg.-Blatte zur Anwendung.

(Art. 8. Der vom Präsidenten ernannte Berichterstatter trägt in öffentlicher Sitzung mündlich vor.

Einzelne erhebliche Aktenstücke werden zur Erläuterung abgelesen.

Den Parteien ist gestattet, sich durch Anwälte vertreten zu lassen, und nachdem diese mit ihren Vorträgen gehört sind, stellt und begründet der Staatsanwalt seinen Antrag.

Zur Berathung und Abstimmung verfügt sich der Senat in das Berathungszimmer.

Abs. 5. — . Abs. 6. Das Erkenntniß wird mit den Entscheidungsgründen in öffentlicher Sitzung verkündet ꝛc. ꝛc. —)

Art. 23. Gegen die in den Art. ꝛc. 21. ꝛc. bezeichneten Entscheidungen findet kein Rechtsmittel statt.

Art. 24. Die Anregung der Competenzkonflikte, sowie die Verhandlung und Entscheidung darüber hat ꝛc. ꝛc. tax- und stempelfrei zu geschehen.

9.

Gesetz vom 25. Juli 1850.

Die allgemeine deutsche Wechselordnung betr. *)

Art. 1. Die allgemeine deutsche Wechselordnung, von welcher ein Abdruck beigefügt ist, tritt mit dem 1. Januar 1851 an die Stelle der in den einzelnen Theilen des Königreichs dermal bestehenden wechselrechtlichen Vorschriften.

Art. 2. (Zu Art. 2 der Wechselordnung). Personen, gegen welche der Wechselarrest in Gemäßheit der in den einzelnen Landestheilen dermalen bestehenden Vorschriften über Wechselfähigkeit und Wechselarrest nicht Platz greifen würde, können auch nach dem im Art. 1 angeführten Zeitpunkte dem Wechselarreste nicht unterworfen werden.

Zu 9.

Allgemeine deutsche Wechselordnung

(in Bayern eingeführt durch Gesetz v. 25. Juli 1850.)

Art. 1. Wechselfähig ist Jeder, welcher sich durch Verträge verpflichten kann **).

---

*) Vergl. die nachfolgende allg. d. Wechselordnung Art. 1. 2. 95 und das Gesetz vom 5. Oktober 1863, einige Bestimmungen der allgemeinen deutschen Wechselordnung betr. (Ziff. 20 unten.)

**) D. Bluntschli sagt in seinem Commentar zur a. d. WO. (Dollmann Gesetzgebung Thl. I. Bd. I. S. 14 u. 16.):

Was die Minderjährigen anlangt, so bedarf es keiner Erwähnung, daß in Ansehung ihrer wie der übrigen bevormundeten Personen nur die Frage entstehen kann, inwieferne durch die

Art. 2. Der Wechselschuldner haftet für die Erfüllung der übernommenen Wechselverbindlichkeit mit seiner Person und seinem Vermögen.

Jedoch ist der Wechselarrest nicht zulässig:

1tens Gegen die Erben eines Wechselschuldners. *)

2tens Aus Wechselerklärungen, welche für Korporationen oder andere juristische Personen, für Aktiengesellschaften oder in Angelegenheiten solcher Personen, welche zu eigener Vermögensverwaltung unfähig sind, von den Vertretern derselben ausgestellt werden. **)

3tens Gegen Frauen, wenn sie nicht Handel oder ein anderes Gewerbe treiben.

Art. 95. Wer eine Wechselerklärung als Bevollmächtigter eines Anderen unterzeichnet, ohne dazu Vollmacht zu haben, haftet persönlich in gleicher Weise, wie der angebliche Machtgeber gehaftet haben würde, wenn die Vollmacht ertheilt gewesen wäre.

Dasselbe gilt von Vormündern und anderen Vertretern, welche mit Ueberschreitung ihrer Befugnisse Wechselerklärungen ausstellen.

---

von ihren Vertretern ausgestellten Wechselerklärungen eine wechselmäßige Verpflichtung herbeigeführt werden soll. Die Conferenz war der Ansicht, daß die Minderjährigen in der Wechselordnung nicht auszuschließen seien und es den Vormundschaftsordnungen der einzelnen Staaten überlassen werden müsse, zu bestimmen, in welchem Umfange die Vormünder zur Ausstellung von Wechseln Namens der von ihnen vertretenen Personen befugt seien.

Ueber die Wechselunfähigkeit spricht sich das Gesetz nicht unmittelbar aus, indem es nur das Erforderniß der Wechselfähigkeit bestimmt.

Als wechselunfähig gelten im allgemeinen noch diejenigen Personen, deren Handlungsfähigkeit aufgehoben oder in dem gewohnten Verkehr wesentlich beschränkt ist, z. B. Wahnsinnige, erklärte Verschwender u. s. f.

Im Einzelnen ist zu bemerken:

a) Bezüglich der Minderjährigen. Bayerische W.-O. von 1785 § 3. Augsburger W.-O. von 1787. Kap. 2 § 2.
Code de commerce Art. 114.

Ob diese Unfähigkeit der Minderjährigen, Wechselverbindlichkeiten einzugehen, im Einzelnen durch die ergänzende Zustimmung des Vormundes, wenn dieser seine Unterschrift zur Bekräftigung hinzufügt, gehoben werden könne und ob eine Stellvertretung durch den Vormund zulässig sei oder nicht kann bezweifelt werden. Die Verneinung derselben ist dem älteren Rechte gemäß, die Bejahung scheint eher dem Geiste der neuern Wechselordnung zu entsprechen, welche geradezu die Möglichkeit solcher Vertretung (freilich ohne die partikulären Vormundschaftsordnungen modificiren zu wollen,) anerkennt. (Art. 2. 2 und Art. 95.)

Es versteht sich, daß die Volljährigkeitserklärung (venia aetatis) eines Minderjährigen diesem auch die Wechselfähigkeit gibt. Ferner wird es durch die Bedürfnisse des Handelsverkehrs und die Natur des Handelsrechtes gefordert, daß, wenn Minderjährigen auch ohne Volljährigkeitserklärung gestattet wird, ein berufsartiges Handelsgeschäft selbstständig zu betreiben, dieselben mit Bezug auf diesen Handel ebenfalls als wechselfähig gelten müssen.

b) Die Frauen sind nun, wenn sie volljährig geworden, in der Regel ebenfalls wechselfähig. Das Weitere hierüber siehe Commentar Seite 17.

*) Eine Verlassenschaftsmassakuratel kann wegen einer Wechselschuld des Verstorbenen selbst wenn diese wechselfähig war, in foro cambiali nicht belangt werden, wohl aber der Erbe eines Wechselschuldners. WAGE. v. 29. Mai 1837. (Kletke Bd. I.)

**) Ueber Wechselarrest gegen curatelmässige Personen, welche den Wechsel vor Eintritt der Curatel ausgestellt haben, siehe Erkenntniß des k. W.- u. M.-G. II. Instanz Freysing vom 16. Februar 1852, Zeitsch. f. Gesetzg. u. Rechtspflege Bd. II. S. 485. Vergl.

10.

Gesetz vom 28. Mai 1852.

Die Feuerversicherungs-Anstalt für Gebäude d. d. R. d.

Art. 2.

Die Theilnahme an dieser Anstalt ist im Allgemeinen freigegeben. — Ausnahmsweise unterliegen der Verbindlichkeit zum Eintritte: ꝛc. ꝛc.

2) Die Gebäude der Minderjährigen oder sonst unter Curatel stehenden Personen; *a. b. c.) ꝛc. ꝛc.

6) Die Gebäude, auf welchen Hypotheken haften, sobald ein Hypothekgläubiger die Einverleibung gerichtlich beantragt und der Schuldner sich nicht zur Abtragung der Schuld binnen 3 Monaten, auch wenn

---

ferner Z. f. Gesetzg. u. Rpfl. Bd. VIII. 255. 256. IX. 595. X. 952. 586, XII. 17. 111. 132. XIII. 13.

Ueber Wechselfähigkeit minderjähriger Gewerbsleute sie das H. A. G. E. v. 1. März 1865 Zeitsch. f. Gesetzg. u. Rechtspflege Bd. XII. S. 17.

*) a. Aus der Vollzugs-Instruktion v. 9. Oktober 1852 ist folgendes zu entnehmen:

„§ 1. Abs. 2. Die Anstalt ist jedoch eine freie und kein Besitzer eines Gebäudes ist verpflichtet derselben beizutreten, insoferne sich das Gebäude nicht unter eine der Gebäudekategorien reiht, bezüglich deren das Gesetz in Art. 2 No. 1—7 den Besitzern die Verbindlichkeit zum Beitritte besonders auflegt.

Abs. 3. Die Erfüllung dieser Verbindlichkeit liegt bezüglich der unter No. 1 bis 4 bezeichneten Gebäude denjenigen ob, denen die Verwaltung derselben übertragen ist, und dieselben erscheinen daher auch für allen, durch schuldbare Unterlassung etwa entstehenden Schaden haftbar. Dieses schließt jedoch die Verpflichtung der einschlägigen Curatel- und Aufsichtsbehörden nicht aus, die Säumigen zur Erfüllung ihrer Verbindlichkeit von Amtswegen anzuhalten, und zu diesem Behufe gegen dieselben innerhalb der Gränzen ihrer Zuständigkeit die entsprechenden Aufträge und Strafverfügungen zu erlassen.“

b. V. Hörmann sagt in seinem Commentar zu diesem Gesetze (Dollmann, Gesetzgebung Thl. II. Bd. IV. Heft 1): —

„Bei den Gebäuden solcher physischen und juristischen Personen, welche gesetzlich der Curatel oder bes. Aufsicht der Staatsbehörden unterstellt sind, mußte die Fürsorge für gehörige Versicherung als ein nothwendiger Ausfluß der letzteren erscheinen und demgemäß verwirklicht werden. Dieses war bei den unter Ziff. 2 bis 4 des Art. 2 aufgeführten Gebäuden der Fall. Auch die Rücksicht auf das sittliche Wohl der Gemeinden hat theilweise dabei mitgewirkt. (Motive im BKA. von 1852. Bd. IV. S. 94.)“

„Bei den übrigen Gebäuden hat die Anstaltsverwaltung keine offizielle Thätigkeit, sondern diese ist Sache der betr. Kuratel- u. Aufsichtsbehörden. Als solche erscheinen bei den Gebäuden Minderjähriger oder unter Kuratel stehender Personen die mit dem Vormundschaftswesen betrauten Stadt- u. Landgerichte (GVG. v. 10. Nov. 1861 Art. 18. Z. 2.) ꝛc. ꝛc.“

„Wodurch die Kuratel veranlaßt wurde, ist gleichgiltig; die Thatsache der Kuratelbestellung genügt, um die Verbindlichkeit eintreten zu lassen.“

„Eine physische Person, welche Eigenthümer eines Gebäudes ist, hat unter allen Umständen die Befugniß zur Beitrittserklärung; ist sie für unfähig ihre Rechte selbst zu vertreten, so handelt statt ihrer der Vormund oder Kurator.“

bis dahin die Verfallzeit noch nicht verflossen ist, anheischig macht und hiefür vorläufige genügende Sicherheit leisten kann; *) zc. zc.

Diese sämmtlichen Gebäude müssen der Anstalt so lange einverleibt bleiben, als der Grund ihres zwangsweisen Eintrittes dauert.

Art. 15.

Eine Beschränkung bezüglich der Größe der Versicherungssumme tritt bei nachbezeichneten Gebäuden ein:

1) Bei Gebäuden minderjähriger oder unter Curatel stehender Personen; ferner bei jenen Gebäuden, deren Einverleibung in Folge des Art. 2. Z. 5, 6 u. 7 von den Miteigenthümern od. Hypothekgläubigern verlangt und erwirkt wird, hängt zwar die Bestimmung der Größe der Anschlagssumme, soweit hiebei der wahre Werth nicht überschritten wird, zunächst von dem Ermessen der Vormünder und Curatoren, dann der freien Uebereinkunft der Miteigenthümer und Hypothekgläubiger ab; jedoch darf in allen diesen Fällen der Anschlag auf weniger nicht als auf die Hälfte des wahren Werthes gesetzt werden. Kommt eine solche Uebereinkunft nicht zu Stande, so ist die beantragte höchste Summe, soferne der wahre Werth des Gebäudes dadurch nicht überschritten wird, zu versichern; zc. zc. **)

---

c. Art. 5 der aufgehobenen Brandversicherungs-Ordnung vom 23. Jänner 1811 (R.-Bl. 1811 S. 137) lautete:

Art. 5. Minderjährige, unter Kuratel stehende und moralische Personen. Minderjährige oder sonst unter Curatel stehende Personen werden von ihren Vormündern und Curatoren vertreten, und zwar sind diese letzteren schuldig, die Gebäude ihrer Pflegbefohlenen längstens binnen 3 Monaten nach angetretener Vormundschaft und Kuratel, in die Anstalt einschreiben zu lassen, und haften für allen Schaden, welcher aus einer dießfallsigen Unterlassung oder Versäumung entstehen könnte. Alle Vormünder und Kuratoren sollen auf diese gesetzliche Bestimmung gerichtlich aufmersam gemacht, darüber zu Protokoll erinnert, und daß diese Erinnerung nicht ohne Erfolg bleibe, von Gerichtswegen fortwährende Aufsicht gepflogen werden. —

*) Vergl. Hyp.-Ges. § 41. 76. 132.

**) V. Hörmann äußert sich hierüber in seinem Commentare folgendermaßen:

„Für Gebäude der minderjährigen oder unter Curatel stehenden Personen (Art. 2. Z. 2) bildet die Hälfte des wahren Werthes das gesetzliche Minimum der Versicherungssumme, unter welches weder der Vormünder oder Curator, noch das Vormundschaftsgericht herabgehen dürfen. Ueber dasselbe bis zum wahren Werthe hinauf kann dagegen der erstere jederzeit gehen, und zwar, da jedenfalls der beantragte höchste Anschlag maßgebend ist, ohne weitere Anfrage beim Gerichte. Hinwiederum ist aus gleichem Grunde die Anschauung des Letzteren dann allein maßgebend, wenn dasselbe innerhalb der Grenze des wahren Werthes eine höhere Versicherung, als der Vormund oder Kurator geboten erachtet. Die Thätigkeit des Letzteren zu überwachen und ihn zu angemessener Pflichterfüllung zu zwingen ist Sache des Gerichtes. (Note 2 zu Art. 2); die Anträge bei der Anstaltsverwaltung, welche sich um das Minimum nicht zu kümmern hat, obliegen dem Vormund oder Kurator.

11.

Gesetz vom 26. März 1859.

Die Verjährungsfristen betr.

(Ges.-Bl. 1859 S. 25. Hdb. Bd. IV. S. 517.)

Art. 1. Fällig gewordene Beträge an Renten, Unterhaltsbeiträgen, Mieth- u. Pachtgeldern und andern jährlich oder in kürzeren bestimmten Fristen wiederkehrenden Leistungen, soferne die letzteren nicht als Theilzahlungen eines Kapitals anzusehen sind, verjähren in 5 Jahren von der jedesmaligen Verfallzeit an gerechnet.

In derselben Frist verjähren auch Zinsen jeder Art. —

Art. 3. In 3 Jahren verjähren die Forderungen:

2) der Vorsteher von Erziehungs- u. Verpflegungs-Anstalten, der Lehrer und Meister ꝛc. ꝛc. wegen Bezahlung des Kost-, Unterrichts- und Lehrgeldes und der gemachten Auslagen.

Art. 6. Das gegenwärtige Gesetz findet auch dann Anwendung, wenn die Forderung Unmündigen oder Minderjährigen, woferne dieselben einen gesetzmäßigen Vertreter haben, oder solchen Personen zusteht, welchen die Gesetze rücksichtlich der Verjährung die Rechte der Minderjährigen verleihen. —

Die Wiedereinsetzung in den vorigen Stand gegen die eingetretene Verjährung findet nicht statt. —

12.

Landtagsabschied vom 10. Nov. 1861, Abschn. III. C.

§ 28.

Einige Abänderungen im Civilrechte betreffend.

Wir finden Uns bewogen, dem an Uns gebrachten Antrage der beiden Kammern entsprechend die in den nachstehenden Abschnitten 1 bis 4 enthaltenen Bestimmungen in der Art mit Gesetzeskraft zu bekleiden, daß sie in dem ganzen Umfange des Königreichs diesseits des Rheins in Wirksamkeit treten.

1) Die Geschlechtsvormundschaft betreffend.

Die auf Gesetz oder Herkommen beruhenden Bestimmungen, wodurch Frauenspersonen lediglich ihres Geschlechts wegen bei der Vornahme von Rechtsgeschäften oder bei der Führung von Prozessen an die Mitwirkung von Pflegern oder Beiständern gebunden werden, sind aufgehoben.

Die zur Zeit noch bestehenden Vorschriften über die Form der Intercessionen von Frauenspersonen erleiden durch gegenwärtiges Gesetz keine Veränderung.

§ 29.

Die gesetzlichen Bestimmungen über das Recht der Servituten und über die aus der außerehelichen Geschlechtsgemeinschaft entspringenden Rechtsverhältnisse betreffend.

Dem an Uns gebrachten Antrage der Kammern, dem Landtage ꝛc. ꝛc. einen Gesetzentwurf, welcher die aus dem außerehelichen Beischlafe, der außerehelichen Schwängerung und Geburt hervorgehenden Rechte und Verbindlichkeiten im Zusammenhange regelt, vorlegen zu lassen, werden wir die entsprechende Würdigung zuzuwenden nicht unterlassen. —

13.

Gesetz vom 10. November 1861.

Die Einführung des allgemeinen deutschen Handelsgesetzbuches betr.

Art. 1. Das allgemeine deutsche Handelsgesetzbuch, von welchem ein Abdruck beigefügt ist*), tritt mit dem 1. Juli 1862 im ganzen Umfange des Königreiches in Kraft.

Art. 2. Ob, und unter welchen Verhältnissen Minderjährige zum Betriebe eines Handelsgewerbes befugt sind, bestimmt das bürgerliche Recht.

Minderjährige, welchen hienach diese Befugniß zusteht, werden rücksichtlich aller auf den Betrieb des Handelsgewerbes bezüglicher Geschäfte und Rechtshandlungen für großjährig erachtet. **)

Zu 13.

Allgemeines deutsches Handelsgesetzbuch.

Von der Verjährung der Klagen gegen die Gesellschafter.

Artikel 146. Die Klagen gegen einen Gesellschafter aus Ansprüchen gegen die Gesellschaft verjähren in 5 Jahren nach Auflösung der Gesellschaft oder nach seinem Ausscheiden oder seiner Ausschließung aus derselben, sofern nicht nach Beschaffenheit der Forderung eine kürzere Verjährungsfrist gesetzlich eintritt.

Die Verjährung beginnt mit dem Tage, an welchem die Auflösung der Gesellschaft oder das Ausscheiden oder die Ausschließung des Gesellschafters aus derselben in das Handelsregister eingetragen ist.

Wird die Forderung erst nach der Eintragung fällig, so beginnt die Verjährung mit dem Zeitpunkte der Fälligkeit.

Artikel 149. Die Verjährung läuft auch gegen Minderjährige und bevormundete Personen, sowie gegen juristische Personen, denen gesetzlich die

---

*) Man sehe den nachstehenden Auszug.

**) Vergl. Lutz, Commentar zum a. d. H.-G.-B. (Einf.-Ges. Art. 7.) — Zeitschr. f. Gesetzg. u. Rechtspfl. Bd. XI. S. 85. XII. S. 17. 132. — Zeitschrift f. d. Notariat 1865. S. 113. —

Rechte der Minderjährigen zustehen, ohne Zulassung der Wiedereinsetzung in den vorigen Stand, jedoch mit Vorbehalt des Regresses gegen die Vormünder und Verwalter.

14.

Gesetz vom 10. November 1861.

Die Gerichtsverfassung betr.*)

Art. 8. Die Zuständigkeit der Stadt- und Landgerichte in bürgerlichen Rechtsangelegenheiten umfaßt:

7) Klagen auf Entschädigung einer außerehelich Geschwächten auf Anerkennung der Vaterschaft außerehelicher Kinder und alle Klagen auf Reichung des Lebensunterhaltes.

Art. 18. Die Zuständigkeit der Stadt- und Landgerichte umfaßt folgende Gegenstände der nichtstreitigen Rechtspflege:

2) Das Vormundschafts- und Curatelwesen.

Art. 19. Wenn über einen bei einem Stadt- oder Landgerichte gemäß Art. 18 vorgenommenen Akt der nichtstreitigen Rechtspflege ein Streit entsteht, so kann der Beamte, welcher den Akt aufgenommen oder bestätigt hat, bei Vermeidung der Nichtigkeit keine richterliche Thätigkeit bezüglich jenes Rechtsstreites ausüben.

Art. 24. Die Stadt- und Landrichter, dann die Stadt- und Landgerichts-Assessoren haben die von ihnen zu behandelnden Rechtssachen selbstständig zu erledigen, wogegen dieselben die dafür gesetzlich oder instruktionsmäßig bestehende Haftung und Dienstesverantwortlichkeit trifft.

Art. 25. Die Ausfertigungen der Stadt- und Landgerichte sind von dem Gerichtsvorstande zu unterzeichnen; in Sachen der nichtstreitigen Rechtspflege müssen dieselben jedoch zugleich mit der Unterschrift des dafür verantwortlichen Beamten versehen werden.

Art. 29. Die Bezirksgerichte sind die den Stadt- und Landgerichten vorgesetzte Amtsbehörde.

Art. 30. In den bei den Stadt- und Landgerichten angebrachten Rechtsstreitigkeiten (Art. 8 u. 9) und in den zu ihrer Zuständigkeit gehörigen Gegenständen der nichtstreitigen Rechtspflege (Art. 18) geht die Berufung oder Beschwerde an das Bezirksgericht.

Art. 43. In den von den Bezirksgerichten in I. u. II. Instanz behandelten Rechtssachen geht die Berufung oder Beschwerde an die Appellationsgerichte, welche darüber in II. beziehungsweise III. und letzter Instanz erkennen.

Art. 71. Das Depositenwesen wird sowohl in der streitigen als auch in der nichtstreitigen Rechtspflege von den Gerichten besorgt.**)

Art. 76. Die dermal bestehenden allgemeinen, sowie die in diesem Gesetze nicht ausdrücklich beibehaltenen besonderen Gerichte sind aufgehoben.

---

*) Die Abänderungen dieses Gesetzes durch die Prozeßordnung vom 29. April 1869 und das Einführungsgesetz hiezu s. unten.

**) S. die Depositenordnung v. 28. Mai 1862. (R.-Bl. 1862. S. 1077.) Heft V.

Dasselbe gilt in Ansehung der bevorzugten Gerichtsstände der Standesherren, der erblichen Reichsräthe, der Adeligen, der Geistlichen, der höheren Staatsbeamten, des Fiskus, sowie der Offiziere und der im Offiziersrange stehenden Militärbeamten, soweit denselben ein bevorzugter Gerichtsstand durch das Gesetz vom 15. August 1828, die Militärgerichtsbarkeit in bürgerlichen Rechtssachen betr. verliehen war.

Den Standesherrn bleibt die Befugniß, Verlassenschafts-Verhandlungen, welche Mitglieder der Familie betreffen, solange kein Rechtsstreit darüber entsteht, durch ihre Domänenkanzlei vornehmen und erledigen zu lassen.

An den Bestimmungen des § 10 der IV. Verf.-Beil. wird durch das gegenwärtige Gesetz nichts geändert. *)

Art. 77. An die Stelle der gemäß Art. 76 aufhörenden Gerichte und Gerichtsstände treten diejenigen Gerichte und Gerichtsstände, welche nach den über die Zuständigkeit im gegenwärtigen Gesetze gegebenen Vorschriften und nach den allgemeinen Grundsätzen über den Gerichtsstand zuständig sind. **)

Durch Art. 80 ist der Art. 12 des GVG. v. 1. Juli 1856 aufrecht erhalten worden, welcher lautet:

GVG. v. 1. Juli 1856 Art. 12:

„Die vor dem Vermittlungsamte der Gemeinde oder einer anderen zuständigen Verwaltungsbehörde schriftlich errichteten Vergleiche sind auch ohne Einhaltung der in der Gerichtsordnung Cap. XVII § 1 Ziff. 9 u. 10 vorgeschriebenen Förmlichkeiten rechtsverbindlich.

Die vor einem Civilgerichte protokollirten Vergleiche haben alle Wirkungen eines gerichtlichen Vergleiches; die von einer anderen Vermittlungsbehörde errichteten, insoferne sie nicht bereits ganz oder theilweise erfüllt sind, haben nur die Kraft eines außergerichtlichen Vertrages.

Soweit die jeden Orts geltenden Gesetze für die Rechtsgiltigkeit von Verträgen besondere Voraussetzungen aufstellen, behält es hiebei sein Bewenden."

15.

Notariatsgesetz vom 10. November 1861. ***)

Art. 11.

Der Wirkungskreis der Notare umfaßt die Geschäfte der nichtstreitigen Rechtspflege, insoweit dieselben nicht durch den Art. 18 des GVG. den Gerichten vorbehalten ist.

Innerhalb dieses Wirkungskreises haben die Notare

1) alle auf Rechtsverhältnisse sich beziehenden Erklärungen, Verhandlungen, Verträge und Thatsachen zu beurkunden, über welche

---

*) Dieser § ist oben unter Abth. A. Ziff. 14. abgedruckt.

**) Vergl. Art. 18 oben.

***) Die Vollzugsvorschriften sind im folgenden Hefte zu ersehen. — Man vergleiche auch die Commentare hiezu von Zink u. A.

entweder nach gesetzlicher Vorschrift, oder nach dem Willen der Betheiligten eine öffentliche Urkunde zu entrichten ist;

2) 2c. 2c.

Auch steht es bei den nach Art. 18 des GVG. den Gerichten vorbehaltenen Rechtsgeschäften den Betheiligten frei, ihre deßfallsigen Erklärungen durch einen Notar aufnehmen zu lassen. Haben solche Erklärungen Bestandtheile gerichtlicher Akten zu bilden, so hat sie der Notar und zwar, wenn die Notariatsurkunde nichts weiteres enthält, in Urschrift, andernfalls in beglaubigtem Auszuge dem betreffenden Gerichte oder Hypothekenamte zu übersenden.

Art. 12.

Abs. 1. Die Beurkundung von Verträgen, bei welchen Minderjährige oder unter gerichtliche Curatel gestellte Personen betheiligt sind, ist unter den nach Art. 11 Abs. 2 Ziff. 1 dem ausschließlichen Wirkungskreise der Notare zugewiesenen Geschäften der nichtstreitigen Rechtspflege begriffen. —

2c. 2c.

Art. 13.

In denjenigen Fällen, in welchen nach Art. 18 des GVG. eine Notariatsurkunde dem Gerichte zur Prüfung und Schlußfassung vorzulegen ist, hat der Notar dem Gerichte die Urschrift zu übersenden.

Das Gericht setzt seinen Beschluß auf die Urschrift und sendet diese an den Notar zurück, welcher den Gerichtsbeschluß in alle von ihm zu ertheilenden Ausfertigungen und Abschriften aufzunehmen hat.

Art. 16.

Rechtsgeschäfte, zu deren Giltigkeit bisher zwar keine richterliche Prüfung oder Bestätigung, jedoch eine gerichtliche Aufnahme oder siegelmäßige Fertigung erforderlich war, können fortan giltig nur von einem Notare errichtet werden.

Art. 18.

Versteigerungen von Immobilien können rechtsgiltig nur von einem Notar vorgenommen werden.

Art. 19.

Vermögensinventare, sie mögen in Folge gesetzlicher Bestimmung oder eines richterlichen Beschlusses oder auf Antrag eines Betheiligten erforderlich sein, werden von den hiezu durch die Gerichte oder Betheiligten bestimmten Notaren errichtet.

Art. 31.

Der Umstand, daß bei einer Verlassenschaft minderjährige oder unter gerichtliche Curatel gestellte Personen betheiligt sind, schließt die Behandlung der Verlassenschaft durch den vom Erblasser ernannten Commissär nicht aus; jedoch bleibt in einem solchen Falle der Curatelbehörde vorbehalten, von der

Geschäftsführung Kenntniß zu nehmen und zur Wahrung der Interessen der minderjährigen und unter Curatel gestellten Personen die erforderlichen Verfügungen zu treffen, wenn die Curatelbehörde zugleich das Verlassenschaftsgericht ist, entgegengesetzten Falles aber Anträge bei dem Verlassenschaftsgerichte zu stellen.

Art. 32.

Ist bei der Auseinandersetzung einer Verlassenschaft eine der in Artikel 31 bezeichneten Personen betheiligt, so hat der Verlassenschafts-Commissär über das ganze Geschäft eine Verlassenschaftsrechnung an das betreffende Stadt- oder Landgericht zur Prüfung vorzulegen. In allen anderen Fällen hat der Verlassenschafts-Commissär den Betheiligten nur auf deren Verlangen Rechnung zu stellen.

Art. 35.

Auch die Erben können die Auseinandersetzung der Verlassenschaft einem Notare übertragen, in welchem Falle die Bestimmungen des Art. 30—33 gleichmäßig Anwendung finden. Vormünder und Curatoren minderjähriger und unter gerichtliche Curatel gestellter Erben bedürfen zur Uebertragung der weiteren Behandlung der Verlassenschaft an einen Notar der Zustimmung der Curatelbehörde.

Art. 48.

In dem Geschäftslokale eines jeden Notars soll ein Verzeichniß derjenigen Personen mit Vor- und Zunamen, Stand und Wohnort offen liegen, welche in dem Umkreise des Bezirksgerichts, in welchem der Notar sein Amt verrichten darf, wegen Verschwendung, Geistes- oder Körperschwäche von den Gerichten unter Curatel gestellt sind.

Abs. 2 rc. rc.

Die Einträge in diese Verzeichnisse sind unmittelbar nach dem öffentlichen Ausschreiben in dem dazu bestimmten amtlichen Blatte oder nach den besonderen Mittheilungen, welche den Notaren von den Gerichten zugehen, zu machen.

Art. 49.

Wird die Dienstleistung des Notars von einer Person in Anspruch genommen, über deren persönliche Befähigung zur Vornahme von Rechtsgeschäften er Bedenken hegt, so kann er zwar die Dienstleistung nicht verweigern, ist aber verpflichtet, seine jenes Bedenken begründenden Wahrnehmungen in der über das Rechtsgeschäft aufzunehmenden Urkunde zu konstatiren.

Art. 52.

Versteigerungen, welche bisher den Gerichten oblagen, sind mit dem Eintritte der Wirksamkeit des gegenwärtigen Gesetzes von den Gerichten einem im Sprengel des betreffenden Bezirksgerichtes wohnhaften Notare zu übertragen.

Der Notar hat, wenn es gesetzlich vorgeschrieben oder vom Gerichte angeordnet ist, den Werth des Versteigerungsobjektes zu erheben, wobei den Betheiligten, beziehungsweise dem Gerichte, die Wahl der beizuziehenden Sachverständigen vorbehalten bleibt; er hat Ort und Zeit der Versteigerung festzusetzen und die Bekanntmachungen in den vom Gerichte zu bezeichnenden Blättern zu besorgen.

Art. 82.

Die Notare sind verpflichtet, von allen Verhandlungen, die sie aufnehmen, die Urschriften aufzubewahren.

Von dieser Bestimmung sind ausgenommen und werden in Urschrift hinausgegeben: Verhandlungen, welche Bestandtheile gerichtlicher Akten zu bilden haben rc. rc.

16.

Strafgesetzbuch vom 10. November 1861.

Art. 28.

In Folge der rechtskräftigen Verurtheilung zur Todes- oder Zuchthausstrafe verliert der Verurtheilte kraft des Gesetzes:

5) die Fähigkeit, Vormund, Nebenvormund, Curator, gerichtlicher Beistand oder Mitglied eines Familienrathes zu sein, — es sei denn, daß es sich um die eigenen Kinder handle und die obervormundschaftliche Behörde, beziehungsweise der Familienrath, die Genehmigung ertheile. *)

Art. 29.

Die Verurtheilung in eine Vergehensstrafe zieht die im Art. 28 bezeichneten Folgen — ganz oder theilweise — nur dann nach sich, wenn die Gerichte auf Grund einer ausdrücklichen gesetzlichen Bestimmung solches im Strafurtheile aussprechen. **)

---

*) Man vergleiche die nachfolgenden Art. 29. 75. 78. 84. Abs. 2 und das Gesetz v. 10. Juli 1861, die Aufhebung der Straffolgen b.

**) Folgende sind die Fälle, in welchen die Gerichte den Verlurst der im Art. 28 Ziff. 5 bezeichneten Fähigkeit als Straffolge einer zuerkannten Vergehensstrafe im Strafurtheile aussprechen können oder müssen:

a) können:

Art. 56. Dingung zur Verübung eines Verbrechens oder Vergehens.

Art. 60. Begünstigung einer That, mit deren Strafe diese Straffolge verbunden ist oder werden kann;

Art. 169 Abs. 3. 170. 171 Abs. 1. 172 u. 173 nach Art. 175, Fälschung von Geld, Stempelpapier und Briefmarken;

Art. 178 Abs. 2. 187 Abs. 2. u. 188 Abs. 2. 189 nach Art. 191, Fälschung öffentlicher Urkunden, Beischaffung von Hilfsmitteln hiezu;

Art. 197, falsches Handgelöbniß;

Art. 199, falsche Anzeigen bei öffentlichen Behörden;

Art. 75.

So oft unter Anwendung der Art. 68, 73 oder 74 *) eine Gefängnißstrafe wegen einer Handlung ausgesprochen wird, um deren ordentlicher Strafe die im Art. 28 bezeichneten Folgen kraft des Gesetzes eingetreten oder durch richterlichen Ausspruch zu verbinden gewesen wären, oder hätten verbunden werden können, bleibt es, soferne im Gesetze nicht ein Anderes bestimmt ist, dem Ermessen der Gerichte anheimgegeben, ob jene Folgen oder welche derselben gegen den Verurtheilten einzutreten haben. —

Art. 78 Abs. 1.

Auf die im Art. 28 bezeichneten Straffolgen kann gegen junge Leute, welche gemäß Art. 77 **) einer Verurtheilung unterliegen, niemals erkannt werden.

Art. 84 Abs. 2.

Die gesetzlichen Bestimmungen bezüglich der in den Art. 28, 36, 40 und 43 bezeichneten Straffolgen kommen zur Anwendung, wenn sich unter den zusammentreffenden strafbaren Handlungen auch nur eine, sei es selbst die mit der geringeren Strafe bedrohte, befindet, welche die Anwendung jener Bestimmungen oder einzelner derselben rechtfertigt.

Art. 200 Abs. 2, falsches unbeschworenes Zeugniß in einer Strafsache zum Nachtheile des Angeschuldigten;
Art. 206—216. 219—222, Mißbrauch zum Beischlafe, betrügliche Verleitung zum Beischlafe, Blutschande, Verletzung der Sittlichkeit durch Mißbrauch des Erziehungs, Aufsichts- und Amtsverhältnisses, Mißbrauch zur widernatürlichen Wollust, andere unzüchtige Handlungen, mehrfache Ehe, Kuppelei, Verführung jugendlicher Personen. (Art. 208. 212. 216 u. 220 Abs. 1 vergleiche man unten bei b.)
Art. 243, Kindsabtreibung;
Art. 258, Verleumdung;
Art. 270, Mißbrauch der Familiengewalt;
Art. 291, Diebstahl;
Art. 298, Unterschlagung;
Art. 303, Erpressung;
Art. 308—312, nach Art. 313, Hehlerei;
Art. 315. 316, nach Art. 326, Betrug;
Art. 327, Betrügliche Verkürzung der Gläubiger.
Art. 348, Vorsätzliche Brandstiftung außer dem Falle des Art. 347;

b) müssen:

Art. 208, Blutschande mit Abkömmlingen;
Art. 212, Verletzung der Sittlichkeit durch Mißbrauch des Erziehungs-, Aufsichts- und Amts-Verhältnisses;
Art. 216, Andere unzüchtige Handlungen;
Art. 220, Abs. 1, Kuppelei;
Art. 329, Betrügerischer Bankerott;
Art. 331, Untreue der Vormünder und Vermögensverwalter;
Art. 386, Amtsuntreue;
Art. 394 mit 396 u. 397, Unterschlagung, Diebstahl oder Betrug eines Beamten, öffentlichen Dieners, Funktionärs oder Schiedsrichters;

*) Geminderte Zurechnungsfähigkeit, Nothwehr und Schadensersatz.

**) wegen ihrer Jugend.

Art. 32.

Der zur Todes- oder Zuchthausstrafe Verurtheilte verliert mit dem Eintritte der Rechtskraft des Urtheils das Recht, sein Vermögen zu verwalten und unter Lebenden darüber zu verfügen.

Diese Unfähigkeit erstreckt sich bei dem Zuchthaussträflinge auf die ganze Dauer der Strafzeit. Während dieser Zeit darf ihm auch nichts aus seinem Vermögen verabfolgt werden.

Für die Verwaltung des Vermögens wird in der für Ernennung der Vormünder vorgeschriebenen Weise ein Curator aufgestellt, dessen Rechte und Pflichten sich nach den Gesetzen über die Verwaltung des Vermögens der Minderjährigen bestimmen. —

Art. 61.

Verwandte und Verschwägerte in auf- und absteigender Linie, leibliche Geschwister und Verschwägerte im zweiten Grade der Seitenlinie nach bürgerlicher Berechnung, Ehegatten, Adoptiveltern und Adoptivkinder, Pflege-Eltern und Pflegekinder, Vormund, Nebenvormund und Mündel derjenigen Person, zu deren Vortheil die Begünstigung stattgefunden hat, unterliegen keiner Strafe wegen solcher Begünstigungshandlungen, welche lediglich den Schutz dieser Person gegen Entdeckung oder gerichtliche Verfolgung bezweckt haben. —

Art. 88.

In allen Fällen, in welchen das Gesetz die gerichtliche Verfolgung einer strafbaren Handlung von der Stellung eines besonderen Antrags abhängig macht, ist die Strafbarkeit erloschen, wenn der zur Antragstellung Berechtigte innerhalb dreier Monate von dem Tage an gerechnet, an welchem ihm die Stellung des Antrags möglich war, von seinem Rechte keinen Gebrauch macht, oder schon früher auf dasselbe durch ausdrückliche gerichtliche Erklärung verzichtet oder den gestellten Antrag vor Ablauf von 8 Tagen wieder zurückgenommen hat. *)

---

*) Das strafrechtliche Einschreiten ist in nachstehenden Fällen durch Stellung eines besonderen Antrages bedingt:

a) nach dem Strafgesetzbuche:

Art. 114, Angriffe gegen einen auswärtigen Staat oder dessen Oberhaupt;
Art. 125, Beleidigung eines auswärtigen Staatsoberhauptes;
Art. 134, Beleidigung auswärtiger Regierungen, Behörden, Beamten;
Art. 157, Störung des Hausfriedens ohne Vergewaltigung;
Art. 215. Z. 1. Unzüchtige Handlungen mittels gewaltthätigen Angriffs außer den Fällen der Art. 204. 205. 214 u. 216.
Art. 218, Ehebruch;
Art. 222, Verführung jugendlicher Personen;
Art. 237, Geringere vorsätzliche Mißhandlung;
Art. 239, Geringere fahrlässige Körperverletzung;
Art. 254, Entführung;
Art. 264, Verläumdung und Ehrenkränkung an Lebenden;
Art. 265, Verleumdung und Ehrenkränkung an Verstorbenen;
Art. 268, Betrügliche Verleitung zur Ehe;

Art. 89.

Sind im Falle des Art. 88 mehrere zur Antragstellung berechtigte Personen vorhanden, so finden die Vorschriften des genannten Artikels nur dann Anwendung, wenn alle Berechtigten den Verzicht auf die eine oder andere dort bezeichnete Art zu erkennen gegeben haben.

Doch ist beim Vorhandensein mehrerer Beschädigter, welche sämmtlich zur Antragstellung berechtigt sind, der nur von einem oder einigen derselben kundgegebene Verzicht für die Tilgung der Strafbarkeit insoweit von Einfluß, als die letztere nach dem Werthe des Gegenstandes oder nach der Größe des angerichteten Schadens sich bemißt. Das Gleiche gilt, wenn von mehreren Beschädigten nicht alle zur Antragstellung berechtigt sind, und der Verzicht von dem Berechtigten oder beim Vorhandensein mehrerer Berechtigter von diesen oder von einem oder einigen derselben zu erkennen gegeben worden ist.

Wurde die strafbare Handlung von mehreren Personen gemeinschaftlich verübt, oder sind außer dem Thäter noch Theilnehmer oder Begünstigte vorhanden, so ist der in Bezug auf eine dieser Personen erklärte Verzicht auch zu Gunsten aller übrigen wirksam*)

Art. 290, Diebstahl unter Angehörigen;
Art. 297, Unterschlagung unter Angehörigen;
Art. 322, Betrug unter Angehörigen;
Art. 304—306, Vergewaltigung und strafbare Bedrohung;
Art. 336—341, Mißbrauch fremder Gewerbszeichen, Firmen und Namen, Verletzung fremder Geheimnisse, unbefugte Unterdrückung von Urkunden;
Art. 337 mit 341, Unbefugtes Erbrechen, Lesen oder Abschreiben fremder Schriftstücke;
Art. 238 mit 341, Unbefugte Benützung ꝛc. fremder Handels-, Fabrik- oder Gewerbsgeheimnisse;
Art. 339 mit 341, Verletzung gewisser Berufsgeheimnisse;
Art. 340 mit 341, Unbefugte Unterdrückung von Urkunden;
Art. 342 Ziff. 1. 343—346, Geringere Privateigenthumsbeschädigung.

b) nach dem Polizeistrafgesetzbuche:

Art. 68, Uebertretungen in Bezug auf Privatbekanntmachungen;
Art. 107, Vernachlässigung des Schulbesuches;
Art. 115, Uebertretungen in Bezug auf Gift- und Arzneiwaaren;
Art. 138, Vernachlässigung der schuldigen Pflege;
Art. 211, Uebertretungen der Handwerksgesellen, Gewerbsgehilfen und Fabrikarbeiter in Bezug auf ihr Arbeitsverhältniß;
Art. 214, Uebertretungen der Dienstboten in Bezug auf ihr Dienstverhältniß.

c) nach besonderen Gesetzen:

aa) nach dem Gesetze vom 4. Juni 1848, die Verantwortlichkeit der Minister betr. und vom 30. März 1850, den Staatsgerichtshof und das Verfahren bei Anklagen gegen Minister betr.
Art. IX u. XI des ersteren, Art. 2. 3. 7. 8. 9. 13. 14 u. 20 des letzteren Gesetzes.
bb) nach dem Zollvereinsvertrage vom 4. April 1853, Art. 41 in Verbindung mit dem Handels- und Zollvertrag zwischen Preußen und Oesterreich vom 19. Februar 1853. Art. 10 und Beilage III hiezu, Zollkartel. § 17 u. 22.
cc) nach dem Gesetze vom 28. Juni 1865 zum Schutze der Urheberrechte an literarischen Erzeugnissen und Werken der Kunst, Art. 61 Abs. 2 mit Art. 51.

*) Vergl. die vorstehende Note.

Art. 212.

Pflegeeltern und Vormünder, welche mit ihren minderjähren Pflegbefohlenen, Geistliche, welche mit ihren minderjährigen Pfarr- oder Beichtkindern, Lehrer und Erzieher, welche mit den ihnen zur Erziehung oder zum Unterrichte anvertrauten minderjährigen Personen den Beischlaf vollziehen, sind mit Gefängniß nicht unter 6 Monaten zu bestrafen.

Zugleich ist gegen dieselben der Verlust der im Art. 28 Ziff. 5 bezeichneten Fähigkeit und, wenn sie als Lehrer oder Erzieher in öffentlichen Diensten stehen, der Verlust des Dienstes als Straffolge auszusprechen. *)

Art. 216.

Eltern oder andere Verwandte in aufsteigender Linie, welche mit ihren leiblichen Abkömmlingen oder an denselben unzüchtige Handlungen verüben oder dieselben zu solchen verleiten, sollen, soferne nicht nach Art. 208, 212 bis 214 oder 220 eine höhere Strafe einzutreten hat, mit Gefängniß bis zu 2 Jahren bestraft werden.

Dasselbe gilt:

1) von Pflegeeltern und Vormündern gegenüber ihren minderjährigen Pflegebefohlenen,
2) 2c. 2c.

Gegen die im Abs. 1 und im Abs. 2 Ziff. 1 bis 3 genannten Personen ist zugleich auf die im Art. 212 bezeichneten Straffolgen zu erkennen. **)

Art. 220.

Wenn Eltern oder andere Verwandte in aufsteigender Linie, Pflegeeltern, Vormünder, Geistliche, Lehrer oder Erzieher das Verhältniß zu ihren Abkömmlingen oder minderjährigen Pflegbefohlenen, Pfarr- oder Beichtkindern oder Schülern dazu mißbrauchen, die ihnen untergebenen oder anvertrauten Personen einem Andern zum Zwecke der Befriedigung der Geschlechtslust durch naturgemäßen Beischlaf oder widernatürliche Wollust zuzuführen oder zu überlassen, so soll auf Gefängniß nicht unter 2 Jahren und im Falle des Art. 210 nicht unter 1 Jahr erkannt werden, womit die im Art. 212 bezeichneten Straffolgen zu verbinden sind.

Art. 226.

Eltern oder andere Verwandte in aufsteigender Linie, welche wegen Verübung einer der im gegenwärtigen (zehnten) Hauptstücke bezeichneten Handlungen (Verbrechen und Vergehen gegen die Sittlichkeit) an ihren Abkömmlingen zu einer Strafe verurtheilt werden, verlieren hiedurch dem mißbrauchten Kinde gegenüber alle aus der elterlichen Gewalt fließenden Rechte.

Art. 252 Abs. 2.

Gefängniß nicht unter 6 Monaten trifft denjenigen, welcher eine solche Person durch Zwang oder List der Obhut ihrer Eltern oder Vormünder entzogen hat, um auf die Erziehung oder Lebensbestimmung Einfluß auszuüben. —

---

*) Vergl. Z. f. G.-G. u. RPfl. Bd. IX. S. 618.
**) Vergl. Z. f. G.-G. u. RPfl. Bd. IX. S. 637.

Art. 253. Abs. 2.

Wird eine Ehefrau oder eine in elterlicher Gewalt oder Vormundschaft stehende Person zwar mit ihrem Willen, aber ohne Einwilligung des Ehemannes, der Eltern oder Vormünder entführt, so ist gegen den Entführer auf Gefängniß bis zu 2 Jahren und, wenn die entführte Person das sechszehnte Jahr noch nicht zurückgelegt hat, auf die im Abs. 1 bestimmten Strafen zu erkennen.

Art. 254. Abs. 1.

Eine gerichtliche Verfolgung wegen Entführung findet nur auf Antrag der entführten Person oder ihres gesetzlichen Vertreters und im Falle des Art. 253 Abs. 2 nur auf Antrag des Ehemannes beziehungsweise der Eltern oder Vormünder statt.

Art. 269.

Wird eine Ehe durch rechtskräftiges Erkenntniß um deßwillen für nichtig erklärt, weil ein Ehetheil zu deren Eingehung von seinen Eltern, Pflegeeltern oder seinem Vormunde gezwungen worden ist, so trifft die letztgenannten Personen Gefängniß bis zu 6 Monaten.

Art. 270.

Eltern, Pflegeeltern oder Vormünder, welche eine in ihrer Obhut stehende Person unter 16 Jahren an Jemanden zum Bettel oder zu einer andern die Sittlichkeit gefährdenden Beschäftigung oder Lebensweise überlassen, sollen mit Gefängniß von 2 Monaten bis zu 3 Jahren bestraft werden, womit der Verlurst der im Art. 28 Ziff. 5 bezeichneten Fähigkeit als Strafolge verbunden werden kann.

Art. 290.

Der Diebstahl unter Ehegatten während des ehelichen Beisammenlebens, unter Verwandten oder Verschwägerten in gerader Linie, unter leiblichen Geschwistern, unter anderen in derselben Familiengemeinschaft lebenden Verwandten oder Verschwägerten, unter Pflegeelten und Pflegekindern, deßgleichen der Diebstahl, welcher an Vormündern oder Erziehern von ihren Pflegbefohlenen begangen wird, soll nur auf Antrag des Familienhauptes, dem der Thäter untergeben ist, oder des Beschädigten oder seines gesetzlichen Vertreters gerichtlich verfolgt werden.

Art. 331.

Untreue der Vormünder und Vermögensverwalter.

Vormünder, Testamentsvollstrecker, Curatoren und andere Verwalter fremden Vermögens, welche wissentlich zum Nachtheile der unter ihre Obhut gestellten Personen, Güter oder Vermögensmassen handeln, sollen mit Gefängniß bis zu 6 Monaten oder an Geld bis zu 300 fl., und wenn sie in eigennütziger Absicht gehandelt haben, mit Gefängniß bis zu 3 Jahren, womit Geldstrafe bis zu 1000 fl. verbunden werden kann, bestraft werden.

In jedem auf Grund des gegenwärtigen Artikels erlassenen Strafurtheile ist zugleich die im Art. 28 Ziff. 5 bezeichnete Straffolge gegen den Verurtheilten zu verhängen.

Art. 332.

Benachtheiligung minderjähriger und ihnen gleichgestellter Personen.

Wer einen Minderjährigen, einen Entmündigten oder einen solchen, dem wegen Geistesschwäche oder Verschwendung ein Curator oder gerichtlicher Beistand ernannt worden, mit Benützung seines Leichtsinns oder seiner Unerfahrenheit dadurch benachtheiligt, daß er sich von demselben Schuldscheine, Wechsel oder sonstige eine Verpflichtung enthaltende Urkunden für Darlehen, für den Kaufpreis beweglicher Sachen oder aus irgend einem anderen Grunde ausstellen, oder Quittungen ertheilen läßt oder demselben bewegliche Sachen, Werthpapiere oder sonstige Forderungen unter ihrem Werthe abkauft, ist mit Gefängniß bis zu zwei Jahren oder an Geld bis zu 1000 fl. zu bestrafen.

17.

Polizeistrafgesetzbuch vom 10. November 1861.

Art. 18.

Theilnahme und Begünstigung.

Die auf die Polizeiübertretung gesetzte Strafe trifft nicht nur den Thäter, sondern auch den Anstifter.

Haben mehrere Personen als Thäter oder Anstifter an einer Polizei-Uebertretung theilgenommen, so verwirkt jeder Mitschuldige die gesetzliche Strafe.

Für Schadenersatz und Kosten haften die sämmtlichen Mitschuldigen unter solidarischer Verbindlichkeit.

Ist jedoch der Thäter eine unzurechnungsfähige Person oder ein Untergebener, welcher dem Befehle eines Dienstvorgesetzten innerhalb seiner dienstlichen Verpflichtung Folge geleistet hat, so ist nur derjenige verantwortlich, durch dessen Anstiftung oder Befehl die Polizeiübertretung verursacht worden ist.

Werden polizeiliche Vorschriften, für deren Beobachtung im Sinne des Gesetzes das Familienhaupt, der Hausherr oder Hausbesitzer, der Dienstherr, Lehrherr, Gewerbsinhaber oder Unternehmer zu sorgen hat, auf dessen Anordnung oder Befehl durch Hauskinder, Mündel oder Pflegbefohlene, Dienstboten, Lehrlinge, Lohnarbeiter oder sonstige Hilfsarbeiter verletzt, so haftet nur derjenige, auf dessen Anordnung oder Befehl die Polizeiübertretung verübt worden ist, soferne nicht der Thäter besonderer polizeilicher Abmahnung oder Aufforderung zuwider gehandelt hat.*)

*) Eltern, Pflegeltern, Vormünder oder Familienhäupter sind in nachstehenden Fällen des Polizeistrafgesetzbuches als strafrechtlich verantwortlich erklärt:
Art. 18, Theilnahme und Begünstigung;
Art. 54, Unbefugte Aenderung des Geschlechtsnamens;

Sonstige Theilnahmshandlungen, sowie die Begünstigung werden nur dann gestraft, wenn das Gesetz es ausdrücklich vorschreibt.

Art. 53.

Wer von einer Entbindung oder von einem Todesfalle die ihm nach Gesetz oder Verordnung obliegende Anzeige nicht innerhalb der vorgeschriebenen Frist macht, wird, insoferne nicht disziplinäre Ahndung stattfindet, an Geld bis zu 25 fl. gestraft.

(Hieher gehört die k. a. Verordnung v. 13. Juni 1862, die Anzeige von Entbindungen b.)

Art. 54.

Wer ohne Bewilligung der Staatsregierung seinen Geschlechtsnamen ändert, wird an Geld bis zu 25 fl. gestraft.

Derselben Strafe unterliegen Eltern, Pflegeeltern und Vormünder, welche ohne solche Bewilligung den Geschlechtsnamen ihrer Kinder, Pflegekinder oder Mündel ändern.

(In Ansehung einer nur vorübergehenden Namensänderung vgl. Art. 55 u. 83 des P.-St.-G.-B. — Art. 267 des St.-G.-B.)

Art. 72.

An Geld bis zu 50 fl. wird gestraft, wer ein neugebornes lebendes Kind findet und hievon nicht sogleich Anzeige bei der nächsten Obrigkeit macht.

Art. 73.

Wer fremde Kinder unter 8 Jahren ohne Bewilligung der Polizeibehörde gegen Bezahlung in Pflege und Erziehung nimmt, oder nach entzogener Bewilligung behält, wird an Geld bis zu 25 fl. gestraft.*)

Art. 73, Unberechtigte Annahme fremder Kinder;
Art. 89, Bettel;
Art. 99, Verbotener Wirthshausbesuch;
Art. 107, Vernachlässigung des Schulbesuches;
Art. 117, 118, Uebertretungen in Bezug auf Schutzpockenimpfung;
Art. 119, Uebertretungen in Bezug auf ansteckende Krankheiten;
Art. 137, Vernachlässigung der Aufsicht auf Blödsinnige od. Geisteskranke;
Art. 138, Vernachlässigung der schuldigen Pflege;
Art. 166, Uebertretung feuerpolizeilicher Vorschriften;
Art. 213, Uebertretung der Bestimmungen über die Verwendung von jugendlichen Personen in Fabriken und Gewerben. (G. B. v. 15. Januar 1850 u. 16. Juli 1854.)
Art. 224, Verwendung schulpflichtiger Kinder zur Viehhut.

Dieselben Personen sind auch nach Art. 68 des Forstgesetzes vom 28. März 1852 als haftbar für Geldstrafe, Werth- und Schadensersatz, dann für Kosten civilverantwortlich erklärt.

*) Nach § 5 der k. a. Verordnung v. 24. Juni 1862 wird die Bewilligung von den Distriktspolizeibehörden, beziehungsweise den exponirten Bezirksamtsassessoren, in München von der Polizeidirektion, ertheilt. — Ueber das Verfahren in Oberbayern s. R.-A. v. 21. April 1849. J.-Bl. f. O.-B. 1849. S. 601, im folg. Hefte III. Ziff. 31; in der Oberpfalz s. Döll. XV. S. 824; in Unterfr. s. Döll. XIII. S. 760.

Art. 74.

An Geld bis zu 25 fl. oder mit Arrest bis zu 8 Tagen wird gestraft, wer verirrte Kinder, wahnsinnige oder sonst hilflose Personen, welche er in Verwahrung genommen hat, ohne genügenden Entschuldigungsgrund länger als 24 Stunden in seiner Gewalt behält, ohne hievon der Obrigkeit Anzeige zu machen oder nach Beschaffenheit der Umstände den betheiligten Angehörigen Nachricht zu geben.

Art. 89.

Wer bettelt oder Kinder zum Betteln anleitet oder ausschickt, oder Personen, welche seiner Gewalt und Aufsicht untergeben sind und zu seiner Hausgenossenschaft gehören, vom Betteln abzuhalten unterläßt, wird mit Arrest bis zu 8 Tagen gestraft.

Art. 99.

Eltern, Pflegeeltern, Vormünder, Dienst- und Lehrherrn, welche ihren schulpflichtigen Kindern, Pflegekindern, Mündeln, Dienstboten oder Lehrlingen den Besuch von Wirthshäusern ohne gehörige Aufsicht oder die Theilnahme an öffentlichen Tanzunterhaltungen gestatten, werden an Geld bis zu 10 fl. gestraft, womit im Rückfalle Arrest bis zu 3 Tagen verbunden werden kann. —

Mit Arrest bis zu 3 Tagen sind auf Antrag der betreffenden Schulbehörde Sonntagsschulpflichtige zu strafen, welche gegen das Verbot ihrer Eltern, Pflegeeltern, Vormünder, Dienst- oder Lehrherren Wirthshäuser oder öffentliche Tanzplätze besuchen.

Art. 107.

Mit Arrest bis zu 3 Tagen oder an Geld bis zu 10 fl. werden Eltern, Pflegeeltern, Vormünder, Dienst- und Lehrherrn gestraft, welche ohne genügende Entschuldigung beharrlich unterlassen, ihre schulpflichtigen Kinder, Pflegekinder, Mündel, Dienstboten oder Lehrlinge zum Schulbesuche anzuhalten, ohngeachtet sie von der Schulbehörde wegen schuldbarer Schulversäumnisse auf Grund der bestehenden Schulordnung wiederholt mit Geldstrafe belegt und von der Polizeibehörde vor weiteren Schulversäumnissen gewarnt worden sind.

Arrest bis zu 3 Tagen kann auf Antrag der betreffenden Schulbehörde gegen diejenigen erkannt werden, welche aus eigenem Verschulden den Besuch der Sonntagsschule oder während ihrer allgemeinen Sonntagsschulpflicht den Besuch des öffentlichen Religionsunterrichts fortgesetzt versäumen und hiewegen von der Polizeibehörde verwarnt worden sind. —

(Ueber die Schulpflicht vergl. die k. a. Verordn v. 23. Juli 1856 u. 28. Juni 1862.)

Art. 117.

Eltern, Pflegeeltern und Vormünder, welche weder ihre impfpflichtigen Kinder, Pflegekinder oder Mündel auf ergangene obrigkeitliche Bekanntmachung zur öffentlichen Impfung und Impfkontrole bringen, noch innerhalb der von der Polizeibehörde festgesetzten Frist die gänzliche oder zeitliche Befreiung der betreffenden Kinder von der Impfpflichtigkeit nachweisen, werden beim ersten Uebertretungsfalle an Geld bis zu 5 fl. und bei fortgesetzter Säumniß an Geld bis zu 25 fl. gestraft.

(Hieher gehört die k. a. Verordnung v. 4. März 1864 (R.-Bl. S. 249.)

Art. 137.

Wer mit Gefahr für Personen oder Eigenthum oder für die öffentliche Sittlichkeit Blödsinnige oder Geisteskranke, deren Aufsicht ihm obliegt, frei auf Straßen oder an öffentlichen Orten herumgehen läßt, wird an Geld bis zu 25 fl. gestraft.

Hat eine solche Person einen Angriff gegen Personen oder fremdes Eigenthum verübt, und ist wegen Unzurechnungsfähigkeit des Beschuldigten ein freisprechendes oder ein das Strafverfahren einstellendes Erkenntniß erfolgt, so ist die Polizeibehörde berechtigt, auf den Grund gerichtsärztlichen Gutachtens deren Unterbringung in einer Irrenanstalt oder deren sonstige genügende Verwahrung anzuordnen.

Art. 138.

Wer ihm angehörige oder anvertraute Kinder, Kranke, Gebrechliche, Blödsinnige oder andere dergleichen hilflose Personen in Bezug auf Schutz, Aufsicht, Verpflegung oder ärztlichen Beistand in einer öffentliches Aergerniß erregenden Weise verwahrlost, wird auf Antrag der betreffenden Gemeinde-Verwaltung an Geld bis zu 50 fl. oder mit Arrest bis zu 14 Tagen gestraft.

18.

Gesetz vom 10. November 1861.

Die Einführung des Strafgesetzbuches und des Polizeistraf-Gesetzbuches betr.

Allgemeine Bestimmungen.

Art. 3.

Aufrecht bleiben erhalten:

1) ꝛc. ꝛc. 2) ꝛc. ꝛc.

3) alle Disziplinarstrafbestimmungen*), ... ferner die Strafbestimmungen, welche in den Gesetzen über das Civil- und Strafverfahren enthalten sind, sowie die Strafbestimmungen über Winkelagentur.

---

*) Nachstehende Strafbestimmungen (Disziplinarvorschriften) enthält das bayerische Landrecht Thl. I. Cap. VII in Pflegschaftssachen.

1) Nach § 8 Z. 2 sind die nächsten Anverwandten, wie auch die vom Vater benannten testamentarisch berufenen Vormünder um die Bevormundung eines Minderjährigen bei der zuständigen Obrigkeit anzusuchen schuldig und zwar längst inner 30 Tagen von der

Art. 24.

Gegen jedes Erkenntniß, welches über die Unterbringung eines Angeschuldigten, der zur Zeit der That das 16. Lebensjahr noch nicht zurückgelegt hatte, in einer Erziehungsanstalt für verwahrloste jugendliche Personen entscheidet, steht dem Staatsanwalte, dem Angeschuldigten und derjenigen Person,

---

Zeit an, da sie Wissenschaft von dem Vormundschaftsfall haben, bei Vermeidung willkürlicher Strafe und Ersetzung alles Schadens, welcher dem Pupillen durch längere Nachsicht zuwachset.

2) Nach § 8 Z. 3 obliegt bei der nemlichen Straf der zuständigen Obrigkeit auf den Fall, wenn sich Niemand darum meldet, von Amtswegen zeitlich dafür zu sorgen.

3) Nach § 9 Z. 1 soll man sich bei schwerer Straf weder aus väterlicher Anordnung noch obrigkeitlichen Befehl oder von Anverwandtschaftswegen der Vormundschaft unterziehen, ohne daß vorher die Bedingungen dieses §, als: Verpflichtung, Caution, Bestätigung und Inventar erfüllt worden sind.

4) Nach § 9 Z. 7 wird derjenige, welcher die Errichtung eines legalen Inventars, ohne rechtserheblicher Ursache gar unterläßt, nicht nur willkürlich gestraft, und der Schätzungseid gegen ihn geschworen, sondern man soll ihn auch, wenn er nicht mehr zahlungsfähig ist, als einen muthwilligen Schuldner behandeln.

5) Nach § 11 Z. 7 mögen ungehorsame Pflegekinder sowohl von ihrem Vormund, als nächsten Befreundeten und Lehrmeistern mit mässiger Züchtigung bestraft werden, und da sie allenfalls ihren Vorgesetzten gar entlaufen, so soll man ihnen nirgends einigen Schutz oder Unterschluf gestatten.

6) Nach § 20 Z. 6 soll man die Untüchtigkeit der zur Vormundschaft berufenen Personen längst inner 14 Tagen bei willkürlicher Strafe anzeigen.

7) Nach § 20 Z. 8 sollen alle jene, welche sich der Vormundschaft ohne hinlänglicher Ursache weigern oder ihre Entschuldigung nicht in gesetzlicher Weise vorbringen, durch ergiebige Zwangsmittel angehalten, und in alle dem Mündel aus ihrer Verzögerung und Widerspenstigkeit zugehenden Schäden verurtheilt, dazu auch von der Obrigkeit willkürlich gestraft werden.

8) Nach § 22 Z. 3 soll Niemand von der Vormundschaft eigenwillig abstehen, widrigenfalls man nicht nur dem Mündel die dadurch verursachten Schäden abzuthun schuldig ist, sondern auch der Obrigkeit in willkürliche Strafe verfällt.

9) Nach § 23 Z. 7 zieht die Entsetzung des Vormundes allemal eine willkürliche Strafe nach sich, wenn sie wegen Arglist oder grober Fahrlässigkeit des Vormundes verhängt wird.

10) Nach § 30 Z. 3 hat die Wiedereinsetzung des Mündels in den vorigen Stand in strafrechtlichen oder sonstigen Handlungen, worin sich der Mündel selbst einen Betrug zu Schulden kommen läßt, niemals statt.

11) Nach § 34 Z. 4 soll derjenige, welcher sich falscher und betrüglicher Weise für einen Vormund ausgiebt, nach Beschaffenheit des Betruges willkürlich gestraft werden. —

Bemerkungen.

Nachdem durch Art. 2 des Einführungsgesetzes vom 10. November 1861 zu den Strafgesetzbüchern mit dem 1. Juli 1862 alle dermalen geltenden Bestimmungen, deren Uebertretung bisher mit Strafe bedroht war, soweit sie nicht durch den Inhalt der neuen Strafgesetzbücher oder das Einführungsgesetz als fortbestehend bezeichnet sind, ihre Giltigkeit und Wirksamkeit verloren haben, dagegen aber durch Art. 3 Ziff. 3 des Einführungsgesetzes alle Disziplinarstrafbestimmungen aufrecht erhalten wurden, so können von den unter Ziff. 1—11 oben aufgeführten Strafbestimmungen des bayerischen Landrechtes nur jene als fortbestehend erachtet werden, welche nicht durch die neuen Strafgesetzbücher behandelt sind, und abgesehen von den allerdings auch unverändert fortbestehenden privatrechtlichen Folgen, nur die Disziplin, das heißt die Aufrechthaltung von Zucht und Ordnung mittels Strafen und Zwangsmaßregeln betreffen. Die Grenze zwischen Disziplin und Strafrecht zu finden, wird zwar nicht in allen obigen Fällen leicht sein, jedoch dem vernünftigen Ermessen der Gerichte überlassen werden müssen.

welche das Recht der Erziehung des letzteren hat*), das Rechtsmittel der Berufung beziehungsweise der Nichtigkeitsbeschwerde zu. Ist das Erkenntniß gelegentlich der Einstellung des Verfahrens in geheimer Sitzung erlassen worden, so läuft dem Angeschuldigten und demjenigen, dem das Recht der Erziehung desselben zusteht, für die Anmeldung der Berufung, beziehungsweise der Nichtigkeitsbeschwerde auch in diesem Falle eine Frist von 3 Tagen, von dem Tage an gerechnet, an welchem ihm das Erkenntniß eröffnet wurde. Ein Recht des Einspruchs besteht in diesem Falle nicht. —

Besondere Bestimmungen.

VI. Verfahren in Uebertretungssachen in den Landestheilen diesseits des Rheins.

Art. 70.

Der Beschuldigte kann sich bei der Hauptverhandlung durch einen Bevollmächtigten vertreten lassen.**)

---

*) „welche das Recht der Erziehung des letzteren hat." Durch diese Ausdrucksweise wollte in jedem Falle diejenige Person bezeichnet werden, welche als der eigentliche Betheiligte erscheint. Leben beide Eltern des Angeschuldigten, so wird es in der Regel der Vater, es kann aber auch die Mutter sein, wenn ihr aus irgend einem Grunde z. B. in Folge eines Ehescheidungsprozesses das Erziehungsrecht übertragen worden ist. Ebenso paßt dieser Ausdruck auf den Vormund. (Abgeordneten-Ausschuß-Referat. Verh. d. Kammer der Abg. von 1859/61, Beilagen Bd. II. S. 137.) —

Vgl. Art. 76 des St.-G.-B. u. Art. 90 des P.-St.-G.-B. — J.-M.-E. v. 26. Juni 1862. (J.-M.-Bl. 1863. S. 67.*)

**) Das Gesetz spricht hier nur von der Vertretung durch einen Bevollmächtigten, nicht aber durch einen gesetzlichen Vertreter, und nur von einer Vertretung beim Verfahren in Uebertretungssachen. Ein unbevollmächtigter Vertheidiger ist hier gar nicht, ein Beiständer aber nur in der Person eines Rechtskundigen zugelassen.

Das Strafprozeßgesetz vom 10. November 1848 kennt umgekehrt nur einen Vertheidiger und bespricht nirgends die Frage der Stellvertretung, die also für das Verfahren in Vergehens- und Verbrechensfällen als ausgeschlossen zu betrachten ist. —

Dem Strafprozesse liegt im Allgemeinen der Gedanke zu Grunde, daß derjenige, welcher für eine Handlung wegen genügender Selbstbestimmungsfähigkeit strafrechtlich verantwortlich gemacht werden kann, auch die genügenden Fähigkeiten besitzt, sich vor Gericht zu verantworten und zu vertreten. Die einzige Ausnahme von dieser Regel im Art. 24 des Einf.-Ges. zu den St.-G.-B. bekräftigt diese Regel nach allgemeinen Auslegungsgrundsätzen noch mehr, und es kann sich also nur bei Berathung eines künftigen St.-P.-Ges. darum fragen, ob z. B. den gesetzlichen Vertretern Minderjähriger und Geisteskranker eine gewisse Stellvertretungsbefugniß für ihre Pfleglinge einzuräumen sei, um Letztere den übrigen Angeschuldigten rechtlich mehr gleichzustellen. —

Die Handlungsfähigkeit des Beschuldigten ist im geltenden Strafprozesse nirgends nach den Grundsätzen des Privatrechtes oder Civilprozesses geregelt oder beschränkt. Vielmehr ist dem Beschuldigten das Recht der Beschwerde, Berufung, der Nichtigkeitsbeschwerde und des Einspruches durch die Artikel 9, 60 66, 230, 235, 329, 339, 358 u. 362 des St.-P.-G. v. 10. Nov. 1848, sowie durch die Artikel 61, 66, 67, 72 u. 122 des Einführ.-Gesetzes zu den St.-G.-B. v. 10. Nov. 1861 ohne Rücksicht auf seine privatrechtliche Selbstständigkeit oder seine civilprozessuale Handlungsfähigkeit eingeräumt. Die Folge davon ist, daß eine Stellvertretung des Beschuldigten selbst im Falle der Minderjährigkeit oder sonstigen Curatelmäßigkeit desselben durch dessen (civil-) gesetzlichen Vertreter, also auch durch dessen Eltern, Vormünder, Erzieher 2c. ein Strafverfahren unstatthaft und unwirksam ist, und demnach insbesondere zur Anmeldung von Rechtsmitteln (Berufung, Einspruch, Nichtigkeitsbeschwerde) in allen

Die in Gegenwart eines solchen Vertreters gepflogene Verhandlung hat gleiche Wirkung mit der in Gegenwart des Beschuldigten gepflogenen. Zur Legitimation des Bevollmächtigten genügt eine vom Gemeindevorstande beglaubigte Privatvollmacht.

Auch kann sich der erschienene Beschuldigte durch einen Rechtskundigen verbeistanden lassen.

19.

Gesetz vom 10. Juli 1861.

Die Aufhebung der Straffolgen betr. *)

Art. 1. Die Wiedereinsetzung eines wegen Verbrechens oder Vergehens Verurtheilten in die bürgerlichen oder politischen Rechte, welche er in Folge der rechtskräftigen Verurtheilung gemäß der hierüber im Strafgesetzbuche oder in anderen Gesetzen enthaltenen Bestimmungen verloren hat, kann durch königliche Gnade gewährt werden.

Art. 2. Von dem Tage der Eröffnung des k. Begnadigungs-Reskriptes an tritt der Verurtheilte in alle durch die Verurtheilung verlorenen Rechte wieder ein, soweit nicht das Reskript eine Beschränkung verfügt. —

20.

Gesetz vom 5. Oktober 1863.

Einige Bestimmungen der allgemeinen deutschen Wechsel-Ordnung betr. **)

Art. 3. Soweit nach Art. 2 Abs. 2 der allgemeinen deutschen Wechsel-Ordnung der Wechselarrest nicht zulässig, oder nach Art. 2 des gegenwärtigen Gesetzes die Vollstreckung des Wechselarrestes ausgeschlossen ist, darf die in den bestehenden Gesetzen, insbesondere in Cap. X. § 9 der churpfalzbayerischen Wechsel- und Merkantilgerichtsordnung vom 24. November 1785 für Handels-

---

Strafsachen und zur Stellvertretung nach Art. 70 des Einf.-Ges. in Uebertretungssachen die gesetzlichen Vertreter Minderjähriger oder Curatelmäßiger nur mittels besonderer Vollmacht zu der speziellen Handlung berechtigt werden können. —

Diese Grundsätze sind in der Praxis durch mehrfache oberstrichterliche Erkenntnisse anerkannt worden. —

Hieran reiht sich die Frage, ob ein minderjähriger oder ihm gleichgestellter Angeschuldigter einen Dritten zu seiner Vertretung beziehungsweise zur Einlegung von Rechtsmitteln ohne Genehmigung seines zivilgesetzlichen Vertreters wirksam bevollmächtigen könne. Diese Frage muß unter der Voraussetzung der Urtheilsfähigkeit, die als Thatfrage zu entscheiden ist, bejaht werden, weil das Strafprozeßgesetz, wie schon oben bemerkt, keine Analogie des Civilprozesses duldet und weil derjenige, welcher sich selbst in einer bestimmten Sache vertreten kann, derselben auch die Befugniß haben muß, einem Dritten seine Vertretung zu übertragen. Aus gleichem Grunde kann diese Vertretung auch einem Minderjährigen anvertraut werden. —

*) Hiezu ist eine Vollzugsverordnung unterm 4. Septbr. 1861 ergangen. (R.-Bl. S. 698.)

**) S. oben Ziff. 9 und unten Ziff. 28.

sachen angedrohte Exekution gegen die Person des Schuldners nicht vollzogen werden, gleichviel ob die eingeklagte Forderung aus einem Wechsel, einer kaufmännischen Anweisung oder einem Handelsgeschäfte herrührt. —

21.

Gesetz vom 10. Juli 1865.

Die Aufhebung von Beschränkungen der Unteroffiziere und Soldaten in der Verfügung über ihr Vermögen betr.

Das Verbot der Vermögensaushändigung an Unteroffiziere und Soldaten mit den hierüber ergangenen Verordnungen und dem Gesetze vom 15. April 1840, die Ausdehnung des Verbotes der Vermögensaushändigung an Unteroffiziere und Soldaten betr., sowie die im preußischen Landrechte Theil 1. Tit. XI. § 700—703 enthaltenen Dispositionsbeschränkungen der Unteroffiziere, Soldaten und deren Weiber sind aufgehoben. —

Gegenwärtige Verfügungen gelten in gleicher Weise für die in Unteroffiziersachtung stehenden Militärpersonen. —

22.

Gesetz vom 30. Januar 1868.

Die Wehrverfassung betr.

Art. 7. Die Wehrpflicht beginnt mit dem 1. Januar des Jahres, in welchem der Pflichtige das 21. Lebensjahr vollendet.

Art. 35. Jeder Bayer kann, soferne er die zum Kriegsdienst erforderlichen Eigenschaften und guten Leumund besitzt, auch das 17. Lebensjahr vollendet, das 32. aber noch nicht überschritten hat, vorbehaltlich der Bestimmungen des Art. 43 freiwillig auf 3 Jahre in die aktive Armee eintreten. Bei den Spielleuten genügt auch ein geringeres Alter als das von 17 Jahren.

Minderjährige können nur mit Zustimmung ihrer Eltern oder Vormünder freiwillig eintreten. —

23.

Gesetz vom 30. Januar 1868.

Das Gewerbswesen betr.

Art. 1, Abs. 1. Alle Staatsangehörigen ohne Unterschied des Geschlechts und des Glaubensbekenntnisses sind zum Betriebe von Gewerben im ganzen Umfange des Königreichs berechtigt.

Art. 4. Die aus Standes- nnd Dienstesvorschriften und aus dem bürgerlichen Rechte fließenden Beschränkungen des freien Gewerbsbetriebes erleiden durch das gegenwärtige Gesetz keine Abänderung.

24.

Gesetz vom 16. April 1868.

Ueber Heimath, Verehelichung und Aufenthalt.

(Wirksam mit dem 1. September 1868.)

Art. 1. Jeder Angehörige des bayerischen Staats hat seine ursprüngliche Heimath in jener politischen Gemeinde, in welcher seine Eltern heimathberechtigt sind, oder zuletzt heimathberechtigt waren.

Bei ehelichen Kindern entscheidet die Heimath des Vaters, bei außerehelichen die Heimath der Mutter.

Den ehelichen Kindern werden die legitimirten, die volladoptirten, die arrogirten, die durch Einkindschaft angenommenen und die in einer putativen Ehe erzeugten Kinder gleichgeachtet.

Die aus einer nach Art. 33, Abs. II bürgerlich ungültigen Ehe entsprossenen Kinder folgen der Heimath ihrer Mutter, so lange die Ungiltigkeit dieser Ehe währt.

Art. 15. (Angewiesene Heimath der Findelkinder und anderer heimathloser Personen.)

Art. 45. Unter Vorbehalt der Vorschrift des Art. 21 kann durch die zuständige Polizeibehörde*) der Aufenthalt in einer fremden Gemeinde nach Maßgabe folgender Bestimmungen verboten werden:

10) Minderjährige Personen, welche sich ohne Bewilligung ihrer Eltern oder Vormünder in einer fremden Gemeinde aufhalten, können auf Antrag des Inhabers der elterlichen oder vormundschaftlichen Gewalt ausgewiesen werden. Blödsinnige und Geisteskranke, welche sich der Obhut jener Personen, welchen ihre Bewachung obliegt, entzogen haben, können diesen Personen oder deren Bevollmächtigten übergeben oder an die Gemeindebehörde des Wohnsitzes der gedachten Personen abgeliefert werden.

Art. 52, Abs. 2. Zur Beschwerdeführung sind berechtigt:

1) die Personen, deren Aufenthalt in Frage ist;**)

25.

Gesetz vom 29. April 1869.

Die Gemeindeordnung für die Landestheile d. d. Rheins betr.

(In Wirksamkeit getreten am 1. Juli 1869.)

Zweite Abtheilung.

Von den Gemeindebürgern, deren Rechten und Pflichten.

Art. 11. Befähigt zur Erwerbung des Bürgerrechts sind nach erreichter Volljährigkeit selbstständige Männer, welche sich im Besitze des bayerischen

---

*) Nach Art. 51, die Distriktspolizeibehörde.

**) Also wohl auch die kuratelmäßigen Personen, und beziehungsweise die Inhaber der elterlichen oder vormundschaftlichen Gewalt.

Indigenats befinden, in der Gemeinde wohnen und daselbst mit einer direkten Steuer angelegt sind.

Als selbstständig sind nicht zu erachten:

1) Personen, welche auf Grund richterlicher Verfügung unter Curatel stehen. *)
2) Dienstboten, Gewerbsgehilfen und Haussöhne, welche im Brode des Dienstherrn oder Familienhauptes stehen und keine eigene Wohnung haben.

Steuern, welche die ungeschiedene Ehefrau und minderjährige im elterlichen Brode stehende Kinder zu entrichten haben, werden dem Familienhaupte zugerechnet.

Unter denselben Voraussetzungen sind vorbehaltlich der Bestimmungen des Art. 14 Ausländer zur Erwerbung des Bürgerrechts befähigt.

Art. 13. . . . . .

Die Gemeinde ist jedoch zur Versagung des Bürgerrechts befugt:

a) wenn der Bewerber . . . .
f) wenn er einem gerichtlichen Verfahren wegen Verhängung der Curatel unterliegt. **)

Art 15. Inländer, welche in einer Gemeinde ein besteuertes Wohnhaus besitzen oder mit direkten Steuern mindestens in demselben Betrage wie einer der drei höchstbesteuerten Einwohner angelegt sind, können das Bürgerrecht in dieser Gemeinde auch dann ansprechen, wenn sie die nach Art. 11 erforderliche Befähigung nicht haben. . . .

(Abs. II. III. IV.) . . . . . .

(Abs. V.) Frauen, minderjährige und andere unselbstständige Personen, dann juristische Personen und privatrechtliche Vereinigungen müssen sich eines solchen Vertreters ***) bedienen, wenn sie die mit dem Bürgerrechte verbundenen Stimmrechte ausüben wollen.

Art. 18. Das auf Grund der Art. 12 bis 14 erworbene Bürgerrecht geht mit dem Verluste der nach Art. 11 erforderlichen Befähigung verloren, insoferne nicht die Voraussetzungen des Art. 15 bestehen.

Das auf Grund des Art. 15, Abs. I bis III von Personen, welche die nach Art. 11 erforderliche Befähigung nicht besitzen, erworbene Bürgerrecht erlischt mit dem Wegfalle der dortselbst bezeichneten Voraussetzungen, soferne nicht jene Personen die in Artikel 11 vorgeschriebene Befähigung erworben haben.

. . . . .

Erfolgt der Verlust des Bürgerrechts lediglich deßhalb, weil die betreffende Person aufhört, steuerpflichtig oder selbstständig zu sein, so zieht derselbe den Verlust der Ansprüche auf Mitgenuß der örtlichen Stiftungen und Wohlthätigkeitsanstalten, sowie auf Mitbenützung der Gemeindeanstalten nicht nach sich. —

*) Vergl. unten Art. 13. f.

**) Vergl. oben Art. 11, Ziff. 1.

***) Welcher nach Abs. IV das bayer. Indigenat besitzt, volljährig und selbstständig ist, und keinem der in Art. 13, Abs. II aufgestellten Ausschließungsgründe unterliegt.

Dritte Abtheilung.

Von dem Gemeinde- und Stiftungsvermögen, den Gemeindebedürfnissen und den Mitteln zu deren Befriedigung.

Erster Abschnitt. Von dem Gemeindevermögen.

Art. 32. . . . . .

Zur Theilnahme an Gemeindenutzungen sind, ..., berechtigt:

2) vormalige nutzungsberechtigte Gemeindebürger, welche das Bürgerrecht lediglich wegen Verlustes der Selbstständigkeit im Sinne des Art. 11, Abs. II verloren haben,

3) Wittwen . . . .

4) elternlose Kinder vormals nutzungsberechtigter Gemeindebürger, soferne sie den elterlichen Hausstand in der Gemeinde unvertheilt fortsetzen und direkte Steuer zahlen.

. . . .

. . . . Im Falle von Ziff. 4 steht sämmtlichen Kindern nur die Berechtigung auf einen Antheil zu.

Zweiter Abschnitt. Von den Gemeindebedürfnissen und den Mitteln zu deren Befriedigung.

II. Gemeindeumlagen.

Art. 47. . . . . .

. . . . .

Wird mehr als ein Drittheil der sämmtlichen in der Gemeinde angelegten und bei der in Frage stehenden Umlage in Berechnung zu ziehenden direkten Steuern von fünf oder weniger als 5 Personen gezahlt, so ist jede dieser Personen in der Gemeindeversammlung stimmberechtigt und muß, wenn sie nicht ohnehin Mitglied des Gemeindeausschusses ist, zur Theilnahme an der Vorberathung und Beschlußfassung geladen werden. . . . . . .

Diese Höchstbesteuerten können hiebei in jedem Falle durch Bevollmächtigte vertreten werden, welche jedoch die in Art. 15, Abs. IV bezeichneten Eigenschaften besitzen müssen. Frauen müssen sich einer solchen Vertretung bedienen. Juristische Personen, privatrechtliche Vereinigungen, minderjährige und unter Curatel stehende Personen werden durch ihre gesetzlichen Vertreter oder durch von diesen aufgestellte taugliche Bevollmächtigte vertreten.

Sechste Abtheilung.

Von den Wahlen zu Gemeindeämtern.

Art. 171. Jeder Wahlstimmberechtigte hat nur eine Stimme.

Das Wahlstimmrecht kann mit Ausnahme des in Art. 15, Abs. IV u. V bezeichneten Falles nicht durch Stellvertreter ausgeübt werden.

26.

Gesetz vom 29. April 1869.

Die öffentliche Armen- und Krankenpflege betr.

(In Wirksamkeit getreten am 1. Juli 1869.)

Art. 3. Als hilfsbedürftig sind nur diejenigen zu erachten, welche sich wegen Mangels eigener Mittel und Kräfte oder in Folge eines besonderen Nothstandes das zur Erhaltung des Lebens oder der Gesundheit Unentbehrliche nicht zu verschaffen vermögen.

Art. 4. Die öffentliche Armenpflege gewährt nur bei erwiesener Hilfsbedürftigkeit und nur dann Unterstützung, wenn der Hilfsbedürftige weder von den zu seiner Alimentation oder Unterstützung rechtlich Verpflichteten, noch durch die freiwillige Armenpflege die nöthige Hilfe erlangen kann.

Art. 10, Abs. II. Unter den Voraussetzungen der Art. 3 und 4 des gegenwärtigen Gesetzes ist es Aufgabe der Armenpflege:

1) . . . .
2) Kranken die erforderliche ärztliche Hilfe nebst Pflege und Heilmitteln zu verschaffen und insbesondere Geisteskranke, welche der nothwendigen Aufsicht und Pflege entbehren, in einer Irrenanstalt unterzubringen;
3) . . . .
4) armen Kindern die erforderliche Erziehung und Ausbildung zu verschaffen.

Art. 18, Abs. III. In Landgemeinden kann die Verköstigung der Armen an die einen selbstständigen Haushalt führenden Einwohner in bestimmter Reihenfolge nach einem billigen Maßstabe übertragen werden, wenn ꝛc. ꝛc.; dasselbe darf jedoch auf Kinder bis zu vollendeter Werktagsschulpflicht, auf kranke und sicherheitsgefährliche Personen keine Anwendung finden.

Art. 23, Abs. II. Die nach Art. 22 Ziff. I lit. e zu erwählenden Armenpflegschaftsräthe werden durch die in einen Wahlkörper vereinigten Magistratsmitglieder und Gemeindebevollmächtigten, die nach Art. 22 Ziff. II lit. e zu wählenden werden durch die Gemeindeverwaltung erwählt.

Abs. III. Wählbar sind alle volljährigen männlichen Einwohner, welche eine direkte Steuer in der Gemeinde entrichten; ausgeschlossen von der Wählbarkeit sind jedoch:

1) Personen, die unter Curatel stehen.

Art. 36, Abs. III. Wenn die Erziehung von Kindern, für welche Unterstützung aus der Armenkasse gewährt ist, von den Eltern oder deren Stellvertretern offenbar vernachläsigt wird, so kann der Armenpflegschaftsrath die Fortsetzung der Unterstützung davon abhängig machen, daß solche Kinder ihm zur besseren Unterbringung und Erziehung überlassen werden.

Abs. IV. Der Armenpflegschaftsrath ist berechtigt, die Bestellung gerichtlicher Curatel über Personen zu beantragen, welche durch Verschwendung die Besorgniß begründen, daß sie der Armenkasse zur Last fallen werden. —

27.

Gesetz vom 29. April 1869.

Die Einführung einer Prozeßordnung in bürgerlichen Rechtsstreitigkeiten für das Königreich Bayern betr.

I. Allgemeine Bestimmungen.

Art. 1. Die neue Prozeßordnung in bürgerlichen Rechtsstreitigkeiten für das Königreich Bayern*) tritt mit dem 1. Juli 1870 im ganzen Umfange des Königreichs in Kraft.

Art. 2. Mit diesem Zeitpunkte verlieren alle bis dahin geltenden Bestimmungen über das Verfahren in bürgerlichen Rechtsstreitigkeiten, ... ihre Giltigkeit, soweit sie nicht die neue Prozeßordnung oder das gegenwärtige Gesetz als fortbestehend bezeichnet.

Soweit die neue Prozeßordnung Bestimmungen über Gegenstände des bürgerlichen Rechts enthält, verlieren auch die entgegenstehenden, bis dahin geltenden civilrechtlichen Bestimmungen, sie mögen in den Prozeßordnungen oder in anderen Rechtsquellen enthalten sein, ihre Giltigkeit und Wirksamkeit für alle Theile des Königreichs, für welche nicht bezüglich einzelner Bestimmungen eine Ausnahme in der neuen Prozeßordnung oder im gegenwärtigen Gesetze besonders getroffen ist.

Art. 3. Insbesondere treten unter den in vorstehendem Artikel 2 angegebenen Vorbehalten außer Kraft:

1) die das Verfahren in bürgerlichen Rechtsstreitigkeiten**) betreffenden Bestimmungen der bayerischen Gerichtsordnung (codex juris Bavarici judiciarii) von 1753***) und der pfälzischen Civilprozeßordnung (code de procédure civile) von 1806 nebst allen darauf bezüglichen Gesetzen und Verordnungen;

5) die Artikel 8—15, 19, 26—28, 49, Abs. 1, 54—59 u. 79 Abs. 1—3 u. Abs. 5 des Gesetzes vom 10. Nov. 1861, die Gerichtsverfassung betr.,†) ferner von demselben Gesetze die Artikel 25 und 38 Abs. 2, soweit es sich an diesen Stellen um Ausfertigungen in bürgerlichen Rechtsstreitigkeiten handelt, und die Artikel 30 und 43, soweit es sich um solche Beschwerden handelt, die in der Prozeßordnung behandelt sind;

13) die §§ 52, 64, 66 u. 69 des für die Landestheile diesseits des Rheins geltenden Hypothekengesetzes††), dann § 8 Ziff. 7, § 23 Ziff. 8 und § 34 Abs. 2 der für die genannten Landestheile geltenden Prioritätsordnung vom 1. Juni 1822;†††)

---

*) S. Ziff. 28.

**) Die das Verfahren in der nichtstreitigen Rechtspflege betreffenden Vorschriften bleiben also in Kraft, soweit sie nicht durch besondere Bestimmungen dieses Gesetzes oder der neuen Prozeßordnung abgeändert sind.

***) S. oben C. Ziff. 1.

†) S. oben C. Ziff. 14.

††) S. oben C. Ziff. 3.

†††) S. oben C. Ziff. 4.

Art. 4. Das Gesetz vom 28. Mai 1850, die Competenzkonflikte betr.,*) tritt für diejenigen Conflikte, welche sich zwischen Gerichten in Bezug auf deren Zuständigkeit in bürgerlichen Rechtssachen ergeben, außer Kraft.

Die Vorschriften der neuen Prozeßordnung über die Festsetzung der Zuständigkeit (Art. 34—37**) finden auch auf solche Competenzkonflikte Anwendung, welche zwischen Gerichten in Bezug auf Gegenstände der nichtstreitigen Rechtspflege obwalten. Hiebei kann der Antrag auf Festsetzung der Zuständigkeit auch von dem Staatsanwalte des zur Entscheidung berufenen Obergerichts gestellt werden und hat die in Artikel 35 der neuen Prozeßordnung vorgeschriebene Zustellung an die Gegenpartei in solchen Fällen zu unterbleiben, in welchen zwischen den Betheiligten ein entgegengesetztes Interesse bezüglich der Gerichtszuständigkeit nicht besteht.

Art. 9. Wo bestehende Gesetze oder Verordnungen auf Bestimmungen über das Verfahren in bürgerlichen Rechtsstreitigkeiten oder auf civilrechtliche Bestimmungen verweisen, welche nach Art. 2 Abs. 2 des gegenwärtigen Gesetzes außer Wirksamkeit treten, ist die Verweisung nunmehr auf die entsprechenden Vorschriften der neuen Prozeßordnung zu beziehen.

Art. 10. Wo bestehende Gesetze oder Verordnungen verlangen, daß Proteste, Anerbietungen, Kündigungen oder sonstige Erklärungen gerichtlich gemacht oder gerichtlich mitgetheilt werden, hat die auf Betreiben des Betheiligten durch einen Gerichtsvollzieher geschehene Zustellung die Wirkung der gerichtlich gemachten oder mitgetheilten Erklärung. . . . .

Art. 22. Bezüglich der Gesuche um Wiedereinsetzung in den vorigen Stand gegen das Versäumniß von Fristen oder Tagfahrten kommen, was die Zulässigkeit betrifft, die nemlichen Prozeßvorschriften zur Anwendung, welche für diese Fristen oder Tagfahrten maßgebend sind.

II. Besondere Bestimmungen für diejenigen Landestheile, in welchen das bayerische Landrecht Geltung hat.

(Die Artikel 26 und 27 betreffen nur die Grunddienstbarkeiten und in Bezug auf das Pflegschaftswesen ist in diesem Abschnitte nichts geändert.) —

III. Besondere Bestimmungen für diejenigen Landestheile, in welchen das allgemeine preußische Landrecht Geltung hat.

1) Verfahren bei vorgeschriebenen Anzeigen und Protestationen.

Art. 28. . . . . .

2) Verfahren gegen Verschollene.

Art. 29 bis 34.

3) Verfahren bei Anträgen auf Wahn- oder Blödsinnigkeitserklärung.

Art. 35. . . . .

---

*) S. oben C. Ziff. 8.
**) S. das folg. Gesetz Ziff. 28.

4) Verfahren bei Anträgen auf Prodigalitätserklärung.

Art. 36 bis 41.

5) Vormundschaftliche Prozesse.

Art. 42 bis 44.

6) Sponsalien und Ehesachen.

Art. 45 bis 48.

9) Sonstige öffentliche Aufforderungen.

Art. 60. . . .

Art. 61. . .

Art. 62. (Antrag auf öffentliche Vorladung der Gläubiger eines Verschwenders.) —

VI. Einige die Gerichtsverfassung betreffende Bestimmungen.

Art. 113. (Richteramts-Befugniß und Eid.)

Art. 138. Der oberste Gerichtshof, die Appellationsgerichte und die Bezirksgerichte haben jedes Jahr vom 1. August bis 30. September einschließlich Gerichtsferien.

Für die Landestheile diesseits des Rheins finden im Jahre 1870 keine Gerichtsferien statt.

Die Handelsappellations- und Handels-, dann die Einzelngerichte haben keine Gerichtsferien.

Art. 139. Während der Gerichtsferien dürfen bei denjenigen Gerichten, für welche solche bestehen, nur in nachverzeichneten Sachen gerichtliche Verhandlungen gepflogen oder Entscheidungen erlassen werden:

2) in Civilsachen, welche nach gesetzlicher Vorschrift in geheimer Sitzung zu erledigen sind,

3) auf Berufungen gegen Urtheile der Einzelngerichte,

7) in sonstigen Civilsachen, welche durch Beschluß des Gerichts oder des Gerichtsvorstandes auf Ansuchen einer Partei als dringend erklärt worden sind.

Art. 146. Das gegenwärtige . . . . Gesetz tritt mit dem 1. Juli 1870 in Kraft.

28.

Prozeßordnung in bürgerlichen Rechtsstreitigkeiten vom 29. April 1869.

(Wirksam vom 1. Juli 1870 an.)

Erstes Buch.

Allgemeine Bestimmungen.

I. Hauptstück. Zuständigkeit der Gerichte.

Zuständigkeit der Gerichte überhaupt.

Art. 1. Die bürgerlichen Rechtsstreitigkeiten sind, soweit nicht gesetzlich anders bestimmt ist, vor den bürgerlichen Gerichten zu verhandeln und durch dieselben zu entscheiden.

Bezirksgerichte.

Art. 2. Vor die Bezirksgerichte gehören im ersten Rechtszuge alle vor den bürgerlichen Gerichten zu verhandelnden Rechtsstreitigkeiten, welche nicht anderen Gerichten zugewiesen sind.

Stadt- und Landgerichte.

Art. 3, Abs. 1. Vor die Einzelngerichte gehören, soweit das Gesetz nicht anders bestimmt, Klagen, welche in der Hauptsache an Geld oder Geldeswerth nicht über 150 Gulden ohne Einrechnung der Zinsen, Kosten und Nutzungen betreffen.

Art. 6. Ohne Rücksicht auf den Werth des Streitgegenstandes gehören vorbehaltlich der Bestimmungen des Art. 7 vor die Einzelngerichte:

7) Klagen auf Anerkennung der Vaterschaft außerehelicher Kinder und Klagen auf Ernährung solcher Kinder, sowie Klagen auf Entschädigung einer außerehelich Geschwächten.

Allgemeiner Gerichtsstand.

Art. 12. Der allgemeine Gerichtsstand wird durch den Wohnsitz des Beklagten und, wenn der Beklagte seinen Wohnsitz an mehreren Orten hat, an jedem dieser Orte begründet.

Für Personen, welche keinen Wohnsitz im Inlande haben, vertritt der Aufenthalt dessen Stelle.

Art. 14. Ehefrauen haben den Gerichtsstand ihrer Ehemänner. Dieser Gerichtsstand bleibt ihnen auch nach der Auflösung der Ehe, sowie nach der Trennung von Tisch und Bett bis zur Eingehung einer anderen Ehe oder Verlegung des Wohnsitzes in einen anderen Gerichtsbezirk.

Eheliche und diesen gleichgeachtete Kinder folgen dem Gerichtsstande des Vaters, uneheliche dem der Mutter. Sie behalten diesen allgemeinen Gerichtsstand, so lange sie nicht einen andern erworben haben.

Art. 18. Personen, welche zum Behufe ihrer theoretischen oder praktischen Ausbildung in Wissenschaften, Künsten oder Gewerben oder als Pächter oder als Gehilfen, Schreiber, Gesellen, Fabrikarbeiter, Dienstboten oder in ähnlichen Verhältnissen außerhalb des Gerichtsbezirkes ihres Wohnortes sich aufhalten, deßgleichen Soldaten, Unteroffiziere und andere Militärpersonen dieses Ranges, welche im Inlande in Garnison oder an den ihnen angewiesenen ständigen Stationsorten sich befinden, können während ihres Aufenthaltes bei den Gerichten des Aufenthaltsortes wegen persönlicher Verbindlichkeiten belangt werden.

Besondere Gerichtsstände.

Art. 27. Klagen aus einer geführten Verwaltung können bei den Gerichten des Ortes angestellt werden, wo die Verwaltung geführt wurde. — Diese Gerichte sind ausschließend zuständig, wenn die Obrigkeit des Orts die Verwaltung angeordnet hat.

Festsetzung der Zuständigkeit.*)

Art. 34. Ist die Zuständigkeit mehrerer nicht im Unterordnungsverhältnisse stehender Gerichte in derselben Sache streitig, oder sind Rechtsstreitigkeiten der in Art. 33 Abs. 1 bezeichneten Art vor verschiedenen nicht im Unterordnungsverhältnisse stehenden Gerichten anhängig geworden, so ist jede Partei befugt, die Festsetzung der Zuständigkeit bei dem nächsten den verschiedenen Gerichten gemeinsamen Obergerichte und beim Mangel eines solchen bei dem obersten Gerichtshofe mittels einfacher Vorstellung nachzusuchen.

Art. 35. Die Vorstellung ist dem Gegentheile zuzustellen und sammt der Zustellungsurkunde und den zur Begründung des Gesuches erforderlichen Belegen auf der Gerichtsschreiberei des Obergerichts einzureichen.

Die Gegenpartei kann innerhalb 15 Tagen nach der Zustellung ihre Bemerkungen mit den erforderlichen Belegen daselbst einreichen.

Nach Ablauf dieser Frist entscheidet das Obergericht nach Vernehmung des Staatsanwalts, wenn ein solcher an dem Gerichte aufgestellt ist.

Das die Zuständigkeit festsetzende Erkenntniß wird durch den Staats-Anwalt — falls ein solcher bei dem Gerichte nicht aufgestellt ist, durch den Gerichtsvorstand — den betreffenden Untergerichten mitgetheilt. Den Betheiligten ist durch den Gerichtsschreiber des als zuständig erkannten Gerichts Kenntniß zu geben.

Gegen das Erkenntniß, welches die Zuständigkeit festsetzt, finden keine Rechtsmittel statt.

Art. 36. Das Obergericht kann auf Antrag des Gesuchstellers sofort nach Einreichung der Vorstellung vorbehaltlich der etwa gebotenen Vorsichtsverfügungen die Einstellung des Verfahrens bei den mit der Sache befaßten Gerichten anordnen.

Art. 37. Wird das Gesuch auf Festsetzung der Zuständigkeit verworfen, so hat das Obergericht zugleich über die dadurch veranlaßten Kosten zu entscheiden. Im entgegengesetzten Falle bleibt die Entscheidung über sämmtliche bisher erwachsene Kosten dem Endurtheile vorbehalten.

Alle auf die Festsetzung der Zuständigkeit bezüglichen Eingaben, Verhandlungen, Entscheidungen und Ausfertigungen sind tax- und stempelfrei.

Vereinbarter Gerichtsstand.

Art. 38. Im ersten Rechtszuge können die Parteien eine Streitsache durch ausdrückliche oder stillschweigende Vereinbarung auch an ein nicht zuständiges Gericht bringen.

Diese Vereinbarung ist unstatthaft:

3) bei Streitigkeiten über den Personenstand mit Ausnahme der Klagen auf Anerkennung der Vaterschaft außerehelicher Kinder;
4) bei Streitigkeiten über die Bestellung oder Enthebung von Vormündern, gerichtlichen Beiständen und Pflegern;
5) bei Entschädigungsklagen gegen Richter, Staatsanwälte, Gerichtsschreiber Notare, Anwälte oder Gerichtsvollzieher wegen Dienstwidrigkeiten;

---

*) Die Art. 34 bis 37 finden mit den Modifikationen des Art. 4 Abs. 2 des Einf.-Ges. (s. Ziff. 27) auch auf die nichtstreitige Rechtspflege Anwendung. Einf.-Ges. Art. 4. —

6) bei den in Art. 21, Art. 27 Abs. 2, Art. 28, 590 u. 604 bezeichneten Klagen.

Behinderung und Ablehnung der Richter, Staatsanwälte und Gerichtsschreiber.

Art. 40. Behinderung des Richters findet statt:
1) in Sachen in welchen er Partei oder regreßpflichtig ist;
2) in Sachen seiner wirklichen oder gewesenen Ehegattin;
3) in Sachen von Personen, welche mit ihm in gerader Linie oder in der Seitenlinie bis einschlüssig zum dritten Grade nach bürgerlicher Berechnung verwandt oder verschwägert sind;
4) in Sachen seiner Pflegbefohlen;
5) in Sachen in welchen er als Anwalt, Bevollmächtigter oder Beistand bestellt, oder als gesetzlicher Vertreter einer der Parteien aufzutreten berechtigt ist oder war;
6) in Sachen in welchen es sich um die Anfechtung oder Auslegung eines von ihm aufgenommenen oder bestätigten Akts der nichtstreitigen Rechtspflege oder in einem höheren Rechtszuge um Anfechtung einer Entscheidung handelt, bei deren Erlassung er als Richter mitgewirkt oder als Staatsanwalt Antrag gestellt hat. *)

Abhilfe gegen Verzögerung der Rechtspflege.

Art. 56. Beschwerden wegen Verzögerung der streitigen oder freiwilligen Rechtspflege können bei dem Vorstande des unmittelbar vorgesetzten Gerichts und wenn sie gegen ein Mitglied eines Collegialgerichts gerichtet sind, auch bei dem Vorstande dieses Gerichts angebracht werden.

Der angerufene Gerichtsvorstand hat die Beschwerde, wenn er sie nicht augenscheinlich ungegründet findet, dem betreffenden Gerichte oder Richter gegen Empfangsbestättigung unter Beifügung der Aufforderung mitzutheilen, binnen bestimmter Frist die Beschwerde zu heben und darüber, daß dieß geschehen, Anzeige zu erstatten, oder die bestehenden Hindernisse bekannt zu geben.

Mit der Aufforderung kann nach Umständen die Androhung einer Ungehorsamsstrafe bis zu fünfundzwanzig Gulden verbunden werden, deren Verhängung, wenn der Aufforderung nicht Folge geleistet wird, sofort von dem angerufenen Gerichtsvorstande auszusprechen ist.

Gegen diese Strafverfügung findet binnen fünfzehn Tagen von der Mittheilung das Rechtsmittel der Beschwerde statt. Weitere Rechtsmittel sind nicht zulässig.

II. Hauptstück. Parteien.

Befugniß vor Gericht zu handeln.

Art. 58. Die persönliche Fähigkeit der Parteien, vor Gericht zu handeln, die Vertretung derjenigen Personen, welchen diese Fähigkeit mangelt, und die Nothwendigkeit besonderer Ermächtigung einer Partei oder ihres gesetzlichen Vertreters zur Prozeßführung, ist nach den Bestimmungen der einschlägigen Gesetze zu beurtheilen.

---

*) Ueber das Verfahren bei Ablehnung von Richtern und Gerichtsschreibern wegen Verhinderung oder Befangenheit s. die folgenden Artikel 41—52.

Art. 59. Bei Gefahr auf Verzug können auch Personen, die unter väterlicher Gewalt, Vormundschaft oder Pflegschaft stehen, oder über die betreffenden Vermögensrechte nicht frei zu verfügen haben, oder als Vertreter eines Anderen mit der etwa erforderlichen besonderen Ermächtigung nicht versehen sind, zum selbstständigen Handeln vor Gericht gelassen werden.

Art. 60. Soweit das Gesetz nicht anders bestimmt, sind die gesetzlichen Vertreter der Parteien den selbstständigen Parteien gleichgestellt und wie diese zu allen Prozeßhandlungen befugt.

Art. 61. Wer als gesetzlicher Vertreter einer Partei auftritt, hat sich über seine Befugniß hiezu, wenn sie nicht gerichtskundig ist, sowie über den Besitz der etwa erforderlichen besonderen Ermächtigung zur Prozeßführung auszuweisen.

Ebenso haben andere Personen, welche eine besondere Bewilligung zur Prozeßführung bedürfen, die Ertheilung dieser Bewilligung darzuthun.

Art. 62. Der Mangel der in Art. 58 bezeichneten Erfordernisse der Prozeßführung, ist in jeder Lage der Sache sowohl von Amtswegen als auf Anregung einer Partei zu beachten und hat, wenn er nicht im Laufe des Verfahrens innerhalb einer vom Gerichte zu bestimmenden Frist gehoben wird, Nichtigkeit des Verhandelten zur Folge.

Ist in der Sache das Endurtheil im letzten ordentlichen Rechtszuge erfolgt, so kann die Nichtigkeit nur mehr von den Parteien, und zwar von derjenigen Partei, auf deren Seite der Mangel bestanden, nur so lange, als das Verfahren nicht von ihr nach Hebung des Mangels ausdrücklich oder stillschweigend anerkannt worden ist, von der Gegenpartei aber nur dann geltend gemacht werden, wenn sie bei der Verhandlung zum angefochtenen Urtheile den Mangel angeregt hat.

III. Hauptstück. Bevollmächtigte, Beistände, Anwälte und Gerichtsvollzieher.

Vertreter vor Gericht.

Art. 78. Vor den Handels- und Einzelngerichten können die Parteien allein oder mit einem Beistand auftreten oder sich durch Bevollmächtigte vertreten lassen (Parteiprozeß).

Bevollmächtigter oder Beistand kann Jeder sein, der die Fähigkeit hat, vor Gericht zu handeln.

Art. 79. Im Verfahren vor den Bezirks-, Appellations- und Handels-Appellationsgerichten, dann bei dem obersten Gerichtshofe müssen die Parteien, soweit nicht das Gesetz eine Ausnahme gestattet, sich durch Anwälte vertreten lassen (Anwaltsprozeß).

IV. Hauptstück. Kosten, Entschädigungen, Sicherheitsleistung, gerichtliche Hinterlegung, Armenrecht und Strafen.

Prozeßkosten.

Art. 110. Gesetzliche Vertreter, Anwälte, sonstige Prozeßbevollmächtigte und Gerichtsvollzieher können persönlich zur Tragung der Kosten verurtheilt werden, welche sie durch grobes Verschulden oder Verletzung bestimmter Dienstesvorschriften veranlaßt haben.

In solchen Fällen ist den betreffenden Personen vorher Gelegenheit zu ihrer Verantwortung zu geben. Zu diesem Zwecke sind sie nach Bedürfniß selbst von Amtswegen beizuladen.

V. Hauptstück. Allgemeine Vorschriften über das Verfahren.

Oeffentlichkeit der Verhandlung.

Art. 148. Die Verhandlungen vor den Gerichten sind öffentlich, soweit das Gesetz keine Ausnahmen macht.

Kinder und solche Personen, welche in einer der Würde des Gerichtes nicht entsprechenden Weise erscheinen, haben keinen Zutritt.

Mitwirkung des Staatsanwaltes.

Art. 159. In wie weit die Staatsanwaltschaft bei dem Verfahren in bürgerlichen Rechtsstreitigkeiten mitzuwirken hat, bestimmt das Gesetz.

Art. 160. In dem Verfahren vor den Bezirks- und Appellationsgerichten ist der Staatsanwalt in folgenden Fällen befugt, den öffentlichen Sitzungen beizuwohnen und, wenn er es im öffentlichen Interesse oder zur Aufrechthaltung der Gesetze für dienlich erachtet, nach dem Schlusse der Verhandlung dem Gerichte seine Ansicht vorzutragen:

1) bei Streitigkeiten über den Personenstand;
2) bei Streitigkeiten über die Bestellung oder Enthebung von Vormündern, gerichtlichen Beiständen und Pflegern;
3) bei Streitigkeiten der unter Vormundschaft oder Vermögenskuratel stehenden physischen Personen, dann wenn die Kuratel einer vakanten Erbschaft betheiligt ist;
4) bei Verhandlungen, welche Abwesende betreffen;
5) bei Entschädigungsklagen gegen Richter, Staatsanwälte, Gerichtsschreiber, Notare, Anwälte, oder Gerichtsvollzieher wegen Entschädigungsansprüchen, aus Amtshandlungen dieser Personen;
6) bei Streitigkeiten über Giltigkeit oder Trennung von Ehen;
7) bei Klagen auf Aufhebung der ehelichen Gütergemeinschaft oder Aenderung der ehelichen Güterverhältnisse, wenn das betreffende Civilrecht den Eheleuten nicht gestattet, diese Aufhebung oder Aenderung durch Vertrag vorzunehmen; ꝛc. ꝛc.

Nachdem der Staatsanwalt gesprochen hat, darf den Parteien das Wort nur gegeben werden, um Thatsachen zu berichtigen oder auf neue Rechtsgründe zu antworten.

Gerichtssprache.

Art. 162. Mit Taubstummen, welche lesen und schreiben können, ist mittels der Schrift zu verhandeln; auf demselben Wege sind an Taube, welche lesen können, die Fragen zu stellen und von Stummen, welche des Schreibens kundig sind, die Antworten zu erholen.

In Ermangelung dieser Voraussetzungen findet auch bei den im Abs. 1 bezeichneten Personen die Beiziehung eines verpflichteten Dolmetschers statt.

Protokolle.

Art. 166. Protokolle sind so einzurichten, daß sie Zeit und Ort der Handlung und die Namen der dabei mitwirkenden oder als betheiligt anwesenden Personen enthalten.

Das Protokoll ist in Gegenwart der erwähnten Personen, wo möglich bei der Handlung selbst aufzunehmen und sowohl von den Betheiligten als von dem Richter und dem Gerichtsschreiber zu unterschreiben.

Vor der Unterschrift ist das Protokoll zu verlesen, und hievon, sowie von der erfolgten Genehmigung darin ausdrücklich Erwähnung zu thun.

Verweigert ein Betheiligter die Genehmigung oder die Unterschrift, bedient er sich eines Handzeichens oder hat die Aufnahme des Protokolls nicht bei der Handlung selbst geschehen können, so ist dieses gleichfalls anzugeben. Das abgeschlossene Protokoll ist mit dem Gerichtssiegel zu versehen und, wenn es aus mehreren Bogen besteht, der diese verbindende Faden durch das Siegel zu befestigen.

Ausnahmen von vorstehenden Vorschriften bestimmt das Gesetz.

Art. 167. In Protokollen darf nichts überschrieben, zwischen den Zeilen eingeschaltet oder radirt werden.

Sind Worte zu durchstreichen, so muß das Durchstrichene leserlich bleiben. Die Zahl der durchstrichenen Worte ist am Rande oder am Schlusse zu bemerken.

Randbemerkungen, sowie jene Abänderungen oder Zusätze, welche erst nach der Unterschrift gemacht werden, sind besonders zu unterzeichnen.

Art. 168. Inwieferne Protokolle wegen Zuwiderhandlung gegen die Vorschriften der Art. 166 und 167 ganz oder theilweise als ungiltig oder nicht beweiskräftig zu betrachten sind, bleibt dem richterlichen Ermessen nach Beschaffenheit des einzelnen Falles überlassen.

Einreden.

Art. 186. Zur Einlassung in der Hauptsache ist der Beklagte nicht verpflichtet:

1) . . . . .
2) wenn er die Einrede der nicht ordnungsmäßig erfolgten Ladung oder eine Einrede vorbringt, welche die Befähigung zur Prozeßführung betrifft.

Zustellungen.

Art. 193. In Fällen, in welchen die Zustellung an die Partei selbst zu geschehen hat, erfolgt dieselbe vorbehaltlich besonderer gesetzlicher Bestimmung:

1) für Personen, welchen die Befugniß, selbstständig vor Gericht zu handeln, fehlt, an ihre gesetzlichen Vertreter;
5) für Gantmassen an den Massaverwalter, oder in dessen Ermangelung an den Commissär;
6) für Personen . . . . . ferner für Personen, deren Aufenthalt unbekannt ist, an den Staatsanwalt des Prozeßgerichtes oder, wenn bei diesem

ein Staatsanwalt nicht aufgestellt ist, an den Staatsanwalt des Bezirksgerichtes, in dessen Sprengel das Prozeßgericht seinen Sitz hat. *)

Art. 194 Abs. II. Betrifft die Zustellung eine Person, deren Aufenthaltsort unbekannt ist, so hat der Staatsanwalt die entsprechende Bekanntmachung in einem oder mehreren öffentlichen Blättern nach den hierüber im Verordnungswege zu erlassenden Vorschriften zu bewerkstelligen.

Art. 201. Der Gerichtsvollzieher darf bei Strafe der Nichtigkeit keine Zustellung in einer Sache machen, bei welcher er selbst, seine wirkliche oder gewesene Ehefrau, seine Verwandten oder Verschwägerten in gerader Linie oder in der Seitenlinie einschlüssig bis zum dritten Grade nach bürgerlicher Berechnung oder seine Pflegbefohlenen betheiligt sind.

Tagfahrten und Fristen.

Art. 209 Abs. II. Geht die Zustellung eine Person an, deren Aufenthaltsort unbekannt ist, so wird die gesetzliche Frist um einen Monat erweitert.

Art. 211. Fristen zu persönlichem Erscheinen oder Handeln werden durch Tod der Partei oder ihres gesetzlichen Vertreters, sowie durch jede Veränderung in der Eigenschaft, durch welche die Befugniß dieser Personen zur Prozeßführung bedingt ist, dergestalt unterbrochen, daß erst mit der Zustellung an die Person, welche nunmehr den Prozeß zu führen hat, eine neue volle Frist zu laufen beginnt.

Diese Zustellung kann den Erben insgesammt und ohne Bezeichnung der Einzelnen in der letzten Wohnung des Erblassers und, wenn daselbst weder ein Familienglied, noch ein Bediensteter desselben zu treffen ist, durch Zustellung an den Gerichtsschreiber des Einzelngerichts gemacht werden, in dessen Bezirke der Erblasser zur Zeit seines Todes nach Art. 12—14 seinen allgemeinen Gerichtsstand hatte.

Erfolgt die Zustellung während der zur Inventarserrichtung oder zur Erklärung über Annahme oder Ausschlagung der Erbschaft oder Gütergemeinschaft nach bürgerlichem Rechte durch das Gesetz oder von dem zuständigen Gerichte eingeräumten Zeit, so beginnt erst mit dem Ablaufe dieser Zeit die in Absatz 1 bestimmte neue Frist, es sei denn, daß für die liegende Erbschaft ein zur Prozeßführung befugter Curator bestellt und an diesen die Zustellung erfolgt ist.

Art. 216. Wiedereinsetzung in den vorigen Stand gegen die Versäumung von Tagsfahrten oder Fristen darf, abgesehen von besonderen Bestimmungen des Gesetzes, nur dann bewilliget werden, wenn die Partei durch Abwesenheit, schwere Krankheit, oder andere unabwendbare Verhinderungen, wohin jedoch bloße Nachlässigkeit der Gewalthaber oder Gerichtsvollzieher nicht zu rechnen ist, in die Lage gesetzt war, weder die versäumte Handlung vornehmen, noch geeigneten Falls die Verlegung der Tagfahrt oder Verlängerung der Frist nachsuchen zu können.

---

*) Wegen Zustellungen außerhalb des Prozesses s. Art. 206.

Nichtigkeit von Prozeßhandlungen.

Art. 218. Prozeßhandlungen, welche einem ausdrücklichen gesetzlichen Verbote zuwiderlaufen, sind nichtig, es sei denn, daß das Gesetz, ohne die Nichtigkeit anzudrohen, einen anderen Nachtheil oder eine Strafe auf die Uebertretung gesetzt hat.

Nichtig sind ferner Handlungen, soweit ihnen die Erfordernisse fehlen, die das Gesetz unter Androhung der Nichtigkeit vorschreibt oder die nach der Natur und dem Zwecke der Handlung zum Wesen derselben gehören.

Mit der nichtigen Handlung unterliegt Alles, was im Zusammenhange mit ihr auf sie gefolgt ist, ebenfalls der Nichtigkeit.

Art. 219. Eigene Handlungen darf Niemand als nichtig anfechten, außer soweit die Nichtigkeit auch von Amtswegen zu berücksichtigen ist.

Die Gegenpartei kann Nichtigkeiten, welche weder von Amtswegen zu berücksichtigen sind, noch kraft besonderer gesetzlicher Bestimmung in jeder Lage der Sache eingewendet werden dürfen, nur bei der nächsten eigenen Prozeßhandlung, oder, wenn keine solche dazwischen liegt, bei der nächsten gerichtlichen Verhandlung geltend machen; doch wird die Geltendmachung der Nichtigkeit durch vorläufige Ablehnung des Gerichtsstandes oder einer Gerichtsperson und durch das Vorbringen einer der im Art. 185 erwähnten Einreden nicht ausgeschlossen.

Sühneversuch.

Art. 222. Das Vermittlungsamt der Gemeinden, Militärbehörden und Universitäts-Rektorate richtet sich nach den hierüber bestehenden besonderen Bestimmungen.

Vor Anstellung einer Klage bei dem Bezirks- oder Handelsgerichte kann der Kläger, wenn beide Theile selbstständig und über den Gegenstand der Klage frei zu verfügen befugt sind, den zu Belangenden unter summarischer Bezeichnung des Klagegegenstandes zum Versuche der Sühne auch vor das Einzelngericht vorfordern lassen, vor welchem dieser oder, falls mehrere Personen zusammen zu belangen sind, eine derselben nach Art. 12—17 den allgemeinen Gerichtsstand hat.

Für den Kläger besteht keine Verbindlichkeit zur Anrufung eines der in Abs. 1 u. 2 bezeichneten Vermittlungsämter, und der zu belangende unterliegt im Falle des Nichterscheinens keiner Strafe.

Vergleich.

Art. 223 Abs. II. Die vor dem Prozeßgerichte, vor einem beauftragten Richter oder vor dem Vermittlungsamte der Einzelngerichte geschlossene Uebereinkunft, zu welcher die Theile rechtlich befähigt sind, unterliegt der Vollstreckung gleich einem rechtskräftigen Urtheile. Jeder Betheiligte, der den Vollzug der Verhandlung zu beantragen berechtigt ist, kann eine vollstreckbare Ausfertigung verlangen.

Die von den übrigen Vermittlungsämtern in vorgeschriebener Form errichteten Protokolle haben die Wirksamkeit öffentlicher Urkunden. Durch dieselben werden jedoch in den Fällen, wo das Gesetz Notariatsurkunden verlangt, letztere nicht ersetzt.

Zweites Buch.

Verfahren im ersten Rechtszuge.

Erster Abschnitt.

Ordentliches Verfahren vor den Bezirksgerichten.

VII. Hauptstück. Urtheil.

Wirksamkeit des Urtheils.

Art. 294. Die Wirkung des Urtheils ist beschränkt einerseits auf den Gegenstand des Rechtsstreites und die in diesem entschiedenen Streitpunkte, anderseits auf die in dem Streite aufgetretenen oder in denselben beigeladenen Personen, Diejenigen, deren Rechte nach civilrechtlichen Grundsätzen durch eine der prozeßführenden Parteien im Rechtsstreite vertreten wurden, und die Erben der vorbezeichneten Personen. . . . . . .

X. Hauptstück. Urkunden.

Arten der Urkunden und deren Beweiskraft.

Art. 353. Urkunden, welche von einer öffentlichen Behörde innerhalb der Gränzen ihrer Amtsbefugnisse oder von einer mit öffentlichem Glauben versehenen Person innerhalb des ihr zugewiesenen Geschäftskreises in der vorgeschriebenen Form errichtet sind, gelten als öffentliche Urkunden. Alle übrigen Schriften sind Privaturkunden.

Kann eine Urkunde wegen eines wesentlichen Mangels nicht als öffentliche gelten, so wird dadurch nicht ausgeschlossen, daß sie als Privaturkunde in Betracht komme.

Art. 354. Oeffentliche Urkunden bilden vollständigen Beweis gegen wen immer über die von dem Beamten aufgenommenen Verhandlungen und Erklärungen, sowie über seine thatsächlichen Wahrnehmungen und Handlungen.

Art. 355 Abs. II. Im Uebrigen haben die in Privaturkunden, welche von dem Aussteller unterschrieben sind, enthaltenen Erklärungen und Anerkenntnisse in Betreff der damit zusammenhängenden Rechtsverhältnisse dieselbe Beweiskraft wie öffentliche Urkunden. Dem sonstigen Inhalte solcher Urkunden kann gegen den Aussteller, seine Rechtsnachfolger und jene Personen, welche er durch seine Handlungen verpflichten kann, volle Beweiskraft beigemessen werden.

Art. 362. In wie weit in Ermangelung öffentlicher Urkunden durch die Aufschreibungen von Ascendenten über die Geburt und den Tod ihrer Abkömmlinge Beweis geliefert wird, ist vom Gerichte nach den Umständen zu bemessen.

Herausgabe von Urkunden.

Art. 391. Von Urkunden, welche sich bei einer öffentlichen Behörde befinden, hat diese vorbehaltlich besonderer gesetzlicher Bestimmung Vorlage und Einsicht zu gewähren und beglaubigte Abschrift zu ertheilen, wenn die Zustimmung desjenigen, auf dessen Antrag oder in dessen Interesse die Urkunde bei der Behörde errichtet oder hinterlegt wurde, beigebracht oder seine Verpflichtung hiezu rechtskräftig ausgesprochen ist.

XII. Hauptstück. Zeugen.

Allgemeine Bestimmungen.

Art. 401. Das Zeugniß darf verweigert werden:
1) wenn der Zeuge nach Art. 400 wegen Untüchtigkeit von der Zeugschaft befreit ist;
2) wenn der Zeuge der wirkliche oder gewesene Ehegatte eines der Streitstheile ist oder zu einem derselben in gerader Linie oder in der Seitenlinie bis einschlüssig zum dritten Grade nach bürgerlicher Berechnung verwandt oder verschwägert ist oder zu einem der Streitstheile im Pflegschaftsverhältnisse steht.

Gang der Vernehmung.

Art. 418. Personen unter sechzehn Jahren, Taubstumme und Solche, welchen nach den Strafgesetzen die Fähigkeit zur Ableistung eines Zeugeneides entzogen ist, werden unbeeidigt vernommen.

XIV. Hauptstück. Eid.

Zugeschobener Eid.

Art. 449. Soweit das Gesetz nicht anders bestimmt, kann jede Partei der andern über erhebliche Thatsachen den Eid zuschieben, und zwar in jedem Stande der Sache und ohne Unterschied, ob sie andere Beweismittel hat oder nicht.

Art. 450. Personen, welchen nach den Strafgesetzen die Fähigkeit zur Ableistung eines Parteieides entzogen ist, kann der Eid nicht zugeschoben werden.

Gleiches gilt von Personen, welche ihrer Vernunft nicht mächtig oder so schwachen Verstandes sind, daß ihnen die erforderliche Einsicht über Wesen und Zweck des Eides mangelt, oder welche nicht fähig sind, sich in Worten mündlich oder schriftlich auszudrücken.

In den Fällen der Abs. 1 u. 2 dürfen statt der Eideszuschiebung, soferne sie an sich zulässig wäre, alle andern Beweismittel, auch die sonst nach der Beschaffenheit des Falles ausgeschlossenen, benützt werden.

Art. 451. Steht derjenige, gegen welchen durch Eideszuschiebung Beweis erbracht werden soll, unter Vormundschaft oder Curatel, so hat die Eideszuschiebung an den Vormund oder Curator zu geschehen, doch kann bei Minderjährigen, wenn der Eid über eigene Handlungen oder Wahrnehmungen derselben gefordert wird, der Minderjährige das sechzehnte Lebensjahr bereits zurückgelegt hat, und keiner der in Art. 450 erwähnten Fälle gegeben ist, das Gericht auf Antrag der Partei, welche den Eid zuschiebt, anordnen, daß letzterer durch den Minderjährigen selbst geleistet werde.

Art. 453. Besteht im Falle des Art. 451 oder 452 die Vertretung aus mehreren Personen, so ist der Eid, wenn er nur die eigene Handlung oder Wahrnehmung einzelner aus ihrer Mitte betrifft, von diesen, auf keinen Fall aber von mehr als drei Vertretern zu leisten.

Sind mehr als drei Vertreter, von welchen der Eid gefordert werden könnte, vorhanden, oder ergibt sich sonst Zweifel, wer als Vertreter einer

Partei den Eid zu leisten habe, so entscheidet beim Mangel einer Vereinbarung der Parteien das Gericht.

Gerichtlich auferlegter Eid.

Art. 471. Wenn Jemand verbunden ist, einen Inbegriff von Sachen oder Rechten ganz oder zu einem bestimmten Antheile herauszugeben oder über ihren Bestand Auskunft zu ertheilen, so kann der Berechtigte von dem Verpflichteten den Eid verlangen, daß er Alles vollständig und getreulich angeben wolle, soferne aber der Verpflichtete eine Angabe gemacht hat, den Eid, daß er Alles vollständig und getreulich angegeben habe.

Von Ascendenten können weder ihre Abkömmlinge noch deren Vormünder oder Pfleger einen Offenbarungseid verlangen.

XVI. Hauptstück. Unterbrechung und Aufhebung der Verhandlungen.

Unterbrechung des Verfahrens.

Art. 491. Unbeschadet der Bestimmung des Art. 211 wird das Verfahren und der Fristenlauf unterbrochen:

1) durch den Tod einer Partei, soferne sie nicht durch einen Prozeßbevollmächtigten vertreten ist;
2) durch den Verlurst der Fähigkeit einer Partei, vor Gericht zu handeln, oder ihrer Befugniß zur Prozeßführung über den Streitgegenstand;
3) durch den Tod ihres gesetzlichen Vertreters oder das Aufhören der seine Vertretungsbefugniß bedingenden Eigenschaft, soferne letzteres nicht Folge der eingetretenen Handlungsfähigkeit der Partei ist;
4) durch den Tod oder die Suspension des Anwaltes und durch das Aufhören seiner Funktion als Advokat am Prozeßgerichte.

Hat in den Fällen der Ziffern 2 und 3 die Partei oder deren gesetzlicher Vertreter einen Prozeßbevollmächtigten, so tritt die Unterbrechung erst mit der Anzeige, welche der Prozeßbevollmächtigte von der stattgehabten Veränderung an die Gegenpartei zu machen hat, ein und bleibt der letztere bis dahin zur Ausführung seiner Vollmacht befugt.

Die eingetretene Unterbrechung verhindert den Antrag des Staatsanwaltes und die Erlassung des Urtheils nicht, wenn die Parteivorträge bereits geschlossen sind.

Wiederaufnahme des unterbrochenen Verfahrens.

Art. 494. Das unterbrochene Verfahren wird wieder aufgenommen:

2) in Fällen des Art. 491, Ziff. 1—3 durch die von Seiten des Neueintretenden an die Gegenpartei zugestellte Erklärung der Wiederaufnahme des Verfahrens;
3) im Falle des Art. 491 Ziff. 4 durch die Kundmachung von der Aufstellung eines neuen Anwaltes an die Gegenpartei.

Art. 495. In den Fällen des Art. 491 kann die betreffende Partei zur Fortsetzung des Verfahrens durch eine Aufforderung angehalten werden, die den Vorschriften des Art. 226 entspricht und die Angabe der bisher aufgestellten Anwälte, sowie die Anträge enthält, welche, falls die Partei der Aufforderung nicht nachkommt, hinsichtlich der Hauptsache beabsichtiget sind.

Den Erben kann diese Aufforderung in der in Art. 211 Abs. 2 bezeichneten Weise zugestellt werden.

Wird der Aufforderung in der in Art. 226 bezeichneten Frist nicht entsprochen, so ist das Verfahren als wiederaufgenommen zu betrachten und wird auf Begehren der Gegenpartei, ohne daß es eines Urtheils über die Zulassung der Wiederaufnahme bedarf, die Verhandlung der Hauptsache nach Maßgabe des Standes, in welchem sie sich befindet, fortgesetzt.

War bei Unterbrechung des Verfahrens eine Frist im Laufe, so beginnt die nach Art. 492 Abs. 2 eintretende neue Frist nach Ablauf jener, welche für Fortsetzung des Verfahrens durch die Aufforderung gegeben ist.

Zweiter Abschnitt.

XXV. Hauptstück. Verfahren bei gerichtlichen Entscheidungen auf einfache Vorstellungen.*)

Zulässigkeit.

Art. 642. . . . . .

Verfahren:

Art. 643. Wo das Gesetz eine solche Entscheidung zuläßt, richtet sich das Verfahren dabei, soweit nicht für einzelne Fälle etwas anderes vorgesehen ist, nach den Bestimmungen der Art. 644—654.

1) bei den Bezirks- u. Appellationsgerichten und dem obersten Gerichtshofe.

Art. 644. Bei den Bezirks- und Appellationsgerichten, sowie bei dem obersten Gerichtshofe müssen die Vorstellungen, auf welche eine gerichtliche Entscheidung erfolgen soll, auf der Gerichtsschreiberei eingereicht werden.

Sie müssen von einem bei dem betreffenden Gerichte zur Anwaltspraxis berechtigten Advokaten gefertigt sein und, außer der Bezeichnung des Gesuchstellers nach Vor- und Familiennamen, Stand oder Gewerbe und Wohnort, sowie des angerufenen Gerichts eine gedrängte, aber vollständige und deutliche Darstellung der das Gesuch begründenden thatsächlichen Verhältnisse, den Rechtsgrund, auf welchen das Gesuch gestützt wird, und ein bestimmtes Begehren enthalten.

Wo das Gesetz gestattet, die Vorstellung vor dem Gerichtsschreiber zu Protokoll zu geben, kann dieß auch von der Partei selbst oder einem Bevollmächtigten derselben geschehen.

Sind zur Begründung des Gesuchs Urkunden erforderlich, so sind sie in Urschrift oder in beglaubigter Abschrift beizulegen. In der Vorstellung kann sowohl zur Bezeichnung der Gesuchsteller, wenn deren mehrere sind, als auch bei Darstellung der thatsächlichen Verhältnisse auf diese Urkunden soweit Bezug genommen werden, als sich aus denselben das Erforderliche ergibt.

*) Dieses Hauptstück hat durch Art. 743 u. 760 Bezug auf das nichtstreitige Verfahren in Pflegschaftssachen, soferne es sich um Beschwerden gegen richterliche Verfügungen handelt.

Art. 645. Der Gerichtsschreiber legt die Vorstellung, nachdem er, soferne sie schriftlich eingereicht wurde, den Tag des Einlaufes darauf bemerkt hat, dem Gerichtsvorstande vor.

Der Gerichtsvorstand ernennt auf der Vorstellung einen Berichterstatter und verordnet, daß sie durch den Gerichtsschreiber dem Staatsanwalte zur etwaigen Antragstellung mitgetheilt werde. Der Gerichtsvorstand kann die Berichterstattung auch selbst übernehmen.

Art. 646. Der Staatsanwalt hat, wenn er nichts zu erinnern findet, dieß auf der Vorstellung kurz zu bemerken, andernfalls einen schriftlichen Antrag zu stellen, der, soweit erforderlich, zu begründen und unter die Verfügung des Gerichtsvorstandes zu setzen ist.

Wo das Gesetz die Vernehmung des Staatsanwalts nicht besonders vorschreibt, und es sich auch nicht um einen der in Art. 160 bezeichneten Gegenstände handelt, darf der Staatsanwalt einen Antrag nur in soweit stellen, als er das im gegenwärtigen Hauptstücke vorgesehene Verfahren für unstatthaft hält.

Art. 647. Sobald der Staatsanwalt die Akten zurückgestellt hat, sind sie durch den Gerichtsschreiber dem ernannten Berichterstatter zu übergeben.

Art. 648. Der Staatsanwalt sowohl als der Berichterstatter kann den Gesuchsteller von kurzer Hand veranlassen, Aufklärungen und Urkunden, welche noch nöthig erscheinen, nachträglich beizubringen. Derlei Nachträge sind ohne weitere Förmlichkeit der Vorstellung beizufügen.

Art. 649. Die Entscheidung erfolgt auf Vortrag des Berichterstatters in geheimer Sitzung und zwar bei Gerichten, welche in Senate abgetheilt sind, bei dem Senate, dem der Berichterstatter angehört.

Die Sitzung wird auf mündliche Anzeige des Berichterstatters durch den Vorstand ohne Förmlichkeit anberaumt.

Das Gericht kann den Staatsanwalt einladen, der Sitzung beizuwohnen, wenn es dessen Anwesenheit für zweckmäßig hält.

Art. 650. Hält das Gericht weitere Aufklärungen oder Urkunden für nothwendig, so kann es durch einen Beschluß dem Gesuchsteller die bezügliche Auflage machen.

Art. 651. Alle Beschlüsse und Entscheidungen in diesem Verfahren sind mit Entscheidungsgründen zu versehen. Sie werden auf die Vorstellung gesetzt und von dem Vorsitzenden und Gerichtsschreiber unter Beidrückung des Gerichtssiegels unterzeichnet, wobei eintretenden Falls die Bestimmungen des Art. 280 Abs. 6 zur Anwendung kommen.

Die Beschlüsse und Entscheidungen werden dem Gesuchsteller auf dessen Anmelden mit den vorgelegten Urkunden in Urschrift ausgehändigt. Schreibt das Gesetz in einem Falle vor, daß die Entscheidung auf der Gerichtsschreiberei hinterlegt bleiben solle, so finden bezüglich der den Betheiligten zu ertheilenden Ausfertigungen die Bestimmungen der Art. 288—292 analoge Anwendung.

Entscheidungen, welche in Urschrift auszuhändigen sind, erhalten, wenn nach ihrem Inhalte darauf ein Vollstreckungsverfahren eingeleitet werden kann, die Ueberschrift: „Im Namen Seiner Majestät des Königs von Bayern" und am Schlusse den Beisatz: „Vorstehende Entschließung wird hiemit für vollstreckbar erklärt."

Art. 652. Der Gerichtsschreiber hat ein Register zu führen, in welchem die Vorstellungen und die darauf erfolgten Beschlüsse und Entscheidungen vorgemerkt werden und die Gesuchsteller den Empfang der ihnen ausgehändigten Akten zu bescheinigen haben.

2) bei den Handels- und Handelsappellationsgerichten.

Art. 653. . . . .

3) bei den Einzelngerichten.

Art. 654. Vorstellungen, auf welche Entscheidung durch ein Einzelngericht erfolgen soll, können von der Partei oder deren Bevollmächtigten schriftlich eingereicht, oder zu Protokoll gegeben werden. Letzteres kann sowohl bei dem Einzelnrichter als bei dem Gerichtsschreiber geschehen.

Hält der Einzelnrichter noch Aufklärungen oder Urkunden für nöthig, so kann er entweder der Partei durch einen Beschluß die bezügliche Auflage machen oder sie veranlassen, ihm das Erforderliche von kurzer Hand zu übergeben.

Im Uebrigen finden die Bestimmungen der Art. 644, 651 u. 652 auch bei den Einzelngerichten Anwendung.

Drittes Buch.

Rechtsmittel.

Erster Abschnitt.

Ordentliche Rechtsmittel.

XXVIII. Hauptstück. Beschwerde und Gegenvorstellung. *)

Beschwerde.

Art. 738. . . . .

Art. 739. Die Beschwerde geht, wo das Gesetz nicht eine Ausnahme macht, an das vorgesetzte Obergericht.

Ueber Beschwerden gegen beauftragte Richter erkennt, wenn der Auftrag von einem Collegialgerichte erlassen ist, das Gericht, welches den Auftrag erlassen hat.

Art. 740. Die Erhebung der Beschwerde ist an eine Frist nur da gebunden, wo das Gesetz für einzelne Fälle eine solche besonders vorgesehen hat.

Art. 741. Die Beschwerde ist durch die Partei oder ihren Bevollmächtigten bei dem Gerichte, welches sie veranlaßt hat, oder bei dem Beschwerdegerichte unter Vorlage der beschwerenden Verfügung und der zur Rechtfertigung des eingelegten Rechtsmittels dienenden Belege einzureichen oder dem Gerichtsschreiber zu Protokoll zu geben.

---

*) Bezug durch Art. 760 unten.

Ist die Verfügung, gegen welche Beschwerde geführt wird, auf eine Vorstellung ergangen, die nach gesetzlicher Vorschrift von einem Advokaten gefertigt sein muß, so kann die Beschwerde nur durch Einreichung einer Beschwerdeschrift erhoben werden, die von einem bei dem betreffenden Ober- oder Untergerichte zur Anwaltspraxis berechtigten Advokaten gefertigt ist.

Art. 742. Wo das Gesetz einer Beschwerde aufschiebende Wirkung nicht besonders beilegt, findet diese nur bei Beschwerden gegen Strafverfügungen oder gegen die Zurückweisung der Ablehnung eines Richters statt.

Art. 743. Das Verfahren und die Entscheidung in Beschwerdesachen richten sich, soweit abweichende Vorschriften im Gesetze nicht getroffen sind, nach den Bestimmungen des XXV. Hauptstücks.

Art. 744. Ist bei Erledigung der Beschwerde eine andere Person im entgegengesetzten Interesse betheiligt, so hat ihr der Beschwerdeführer die eingereichte Beschwerdeschrift oder das aufgenommene Protokoll unter Angabe des Gerichts, bei dem die Beschwerde angebracht wurde, mit der Aufforderung zustellen zu lassen, daselbst von den übergebenen Belegen Einsicht zu nehmen und ihre etwaigen Erinnerungen binnen fünfzehn Tagen einzureichen oder zu Protokoll zu geben. Die Zustellungsurkunde ist nachträglich zu hinterlegen.

Zum Behufe der Zustellung hat der Gerichtsschreiber dem Beschwerdeführer auf Verlangen die eingereichte Beschwerdeschrift oder das aufgenommene Protokoll in Urschrift gegen Zurückgabe bei Hinterlegung der Zustellungs-Urkunde auszuhändigen.

Die Beschwerdeschrift darf auch vor der Einreichung zugestellt werden. In diesem Falle ist das Gericht, bei welchem, und der Tag, bis zu welchem die Einreichung erfolgen werde, in der Zustellungsurkunde anzugeben, und läuft die Frist zur Erinnerungsabgabe erst von diesem Tage. Erfolgt die Einreichung nicht in der bestimmten Zeit oder nicht bei dem bezeichneten Gerichte, so ist die Zustellung als nicht geschehen zu betrachten und kann der Betheiligte Ersatz der ihm veranlaßten Kosten verlangen.

Art. 745. Ist die von einem Obergerichte zu entscheidende Beschwerde bei dem Untergerichte angebracht worden, so hat dieses, falls es nicht selbst Abhilfe trifft, innerhalb acht Tagen die Beschwerde nebst Belegen und den erforderlichen Akten an das Obergericht einzusenden.

Im Falle des Art. 744 hat die Einsendung innerhalb acht Tagen nach der Erinnerungsabgabe, beziehungsweise nach Ablauf der für diese gesetzten Frist zu geschehen und sind die etwa abgegebenen Erinnerungen mit in Vorlage zu bringen.

Art. 746. Ist die Beschwerde unmittelbar bei dem Obergerichte angebracht worden, so wird sie — im Falle des Art. 744 nach der Erinnerungsabgabe, beziehungsweise nach Ablauf der hiefür gesetzten Frist — durch den Gerichtsvorstand dem Untergerichte zur Aktenvorlage und etwaigen Berichterstattung mitgetheilt, wenn nicht ohne Aktenvorlage über den Grund der Beschwerde mit Sicherheit entschieden werden kann.

Besteht Gefahr im Verzuge, so kann der Vorstand des Obergerichts zugleich vorläufige Verfügung erlassen.

Art. 747. Die Entscheidung erfolgt in den Fällen des Artikel 738 Ziff. 1—3 nach Vernehmung des Staatsanwaltes, falls ein solcher an dem Gerichte aufgestellt ist. Gleiches hat auch in Fällen, für welche das Rechtsmittel der Beschwerde vom Gesetze besonders vorgesehen ist, dann zu geschehen, wenn die angefochtene unterrichterliche Verfügung nach vorgängiger Vernehmung des Staatsanwalts erlassen worden ist, oder doch gesetzlicher Vorschrift gemäß hätte erlassen werden sollen.

Art. 748. Sind Ergänzungen nothwendig, so hat sie das Beschwerdegericht je nach Beschaffenheit des Falles durch Auflage an den Beschwerdeführer oder Auftrag an das Untergericht anzuordnen.

Art. 749. Wird die Beschwerde verworfen, so ist der Beschwerdeführer, wenn ihm Streitmuthwille zur Last fällt, in eine Geldstrafe bis zu fünfundzwanzig Gulden zu verurtheilen.

Art. 750. Ergibt sich, daß einem Richterbeamten grobes Verschulden zur Last fällt, so kann er nach vorgängigem Gehöre in die auf die Beschwerdeführung erlaufenen Kosten ganz oder theilweise verfällt werden.

Art. 751. Die Entscheidungen in Beschwerdesachen bleiben auf der Gerichtsschreiberei des Beschwerdegerichts hinterlegt. Ist dieses das Obergericht, so läßt es eine Ausfertigung dem Untergerichte übersenden. Der Gerichtschreiber des letzteren hat dem Beschwerdeführer und im Falle des Art. 744 dem weiter Betheiligten gegen Empfangsbescheinigung Kenntniß zu geben, sowie auf Verlangen Abschrift der Entscheidung mitzutheilen.

Gegenvorstellung.

Art. 755. Verfügungen, gegen welche das Rechtsmittel der Beschwerde stattfindet, können auch zuvor mittels Gegenvorstellung bei dem Gerichte, beziehungsweise dem Gerichtsvorstande oder beauftragten Richter, von welchem sie erlassen worden sind, angefochten werden.

Art. 756. War derjenige, welcher sich durch eine richterliche Verfügung verletzt erachtet, bisher nicht gehört, oder will er neue Thatsachen vorbringen, so steht ihm das Rechtsmittel der Beschwerde erst dann zu, wenn er mit der Gegenvorstellung zurückgewiesen worden ist.

Hienach ist auch zu verfahren, wenn durch die in Folge einer Gegenvorstellung oder Beschwerde stattgefundene Abänderung einer Verfügung Jemand sich verletzt erachtet, der bisher nicht in die Lage gesetzt war, Erinnerungen vorzubringen.

Art. 757. Ist die Erhebung der Beschwerde an eine Frist gebunden, so finden die Bestimmungen der Art. 755 u. 756 keine Anwendung.

Art. 758. Gegenvorstellungen sind in anloger Weise wie Beschwerden anzubringen und zu behandeln. Insbesondere finden die Vorschriften des Art. 744 auch bei ihnen Anwendung.

Rechtsmittel.

Art. 759. Gegen Entscheidungen, welche die Collegialgerichte in Gemäßheit des Art. 739 Abs. 2 erlassen haben, sowie im Falle des Art. 750 ist Beschwerde an das vorgesetzte Obergericht gestattet.

Ferner ist, soweit Rechtsmittel nicht überhaupt ausgeschlossen sind, gegen die in Beschwerdesachen ergangenen Entscheidungen, mit Ausnahme der von dem obersten Gerichtshofe erlassenen, unter den allgemeinen Voraussetzungen Nichtigkeitsbeschwerde zulässig, in den in Abs. 1 bezeichneten Fällen jedoch nur gegen die Entscheidung des Obergerichts.

Andere Rechtsmittel greifen nicht Platz.

Anwendung auf die nichtstreitige Rechtspflege.

Art. 760. Die Bestimmungen der Art. 739—751 und 755—759 gelten auch für die nichtstreitige Rechtspflege, soweit Beschwerde gegen richterliche Verfügungen nach der betreffenden Gesetzgebung statthaft ist und diese etwas anderes nicht mit sich bringt.

Zweiter Abschnitt.
Außerordentliche Rechtsmittel.

XXIX. Hauptstück. Wiederaufnahme des Verfahrens.

Zulässigkeit.

Art. 761. Ein durch rechtskräftiges Urtheil geschlossenes Verfahren kann wieder aufgenommen werden:

8) wenn das Urtheil zum Nachtheile eines Minderjährigen oder Entmündigten ergangen ist, und dieser entweder im Prozesse nicht nach Vorschrift des Gesetzes vertreten war, oder die gegen ihn ergangene Entscheidung auf einer Gefährde oder einer solchen Handlung seines gesetzlichen Vertreters beruht, zu deren Vornahme diesem die Befugniß mangelte.

Fristen.

Art. 770. Das Wiederaufnahmsverlangen muß innerhalb einer Frist von sechzig Tagen der Gegenpartei zugestellt werden.

Diese Frist läuft:

5) in den Fällen des Art. 761 Ziff. 8 von dem Tage, an welchem ein bei dem betreffenden Vorgange nicht betheiligter gesetzlicher Vertreter der Partei, oder an welchem nach eingetretener rechtlicher Handlungsfähigkeit der Partei diese selbst von dem Wiederaufnahmsgrunde Kenntniß erhalten hat, falls sie aber diese Kenntniß schon vor erlangter rechtlicher Handlungsfähigkeit hatte, von dem Tage der erlangten Großjährigkeit oder der Aufhebung der Entmündigung.

In keinem Falle ist die Frist als abgelaufen zu betrachten, so lange nicht das beschwerende Urtheil zugestellt ist und seit der Zustellung sechzig Tage verstrichen sind.

Art. 773. Mit Ausnahme des in Art. 765 Abs. 2 bezeichneten Falles findet nach Ablauf von zehn Jahren vom Tage, an welchem das Urtheil die Rechtskraft erhalten hat, ein Wiederaufnahmsverlangen nicht mehr statt. In den Fällen des Art. 761 Ziff. 8 beginnt diese Frist mit dem Tage, an welchem die Minderjährigkeit oder Entmündigung ihr Ende erreicht hat.

Verfahren.

Art. 780. Wird das Wiederaufnahmsverlangen auf eine Gefährde oder unbefugte Handlung eines Gewalthabers oder gesetzlichen Vertreters gegründet, so sind er oder seine Erben beizuladen.

In den Fällen des Art. 765 ist das Gesuch gegen alle Parteien zu richten, zwischen welchen das angefochtene Urtheil ergangen ist.

Viertes Buch.

Vollstreckungsverfahren.

XXXI. Hauptstück. Vollstreckung im Allgemeinen.

Zulässigkeit der Vollstreckung.

Art. 834. Die gegen den gesetzlichen Vertreter begonnene Vollstreckung kann gegen den Vertretenen, wenn er selbstständig geworden ist, fortgesetzt werden.

Verfahren im Allgemeinen.

Art. 849 Abs. IV. Personen, welche zu einer der Parteien oder zu dem Gerichtsvollzieher im Dienst- oder Pflegschaftsverhältnisse stehen oder in gerader Linie oder bis einschlüssig zum dritten Grade der Seitenlinie nach bürgerlicher Berechnung verwandt oder verschwägert sind, desgleichen Personen, welche mit einer der Parteien durch das Band der Ehe verbunden sind oder verbunden waren, dürfen nicht als Zeugen beigezogen werden.

Vollzug der Urtheile auf Rechnungsstellung.

Art. 887—895. . . . .

XXXII. Hauptstück. Pfändung und Zwangsveräußerung von Fahrnissen.

Verwahrung der gepfändeten Gegenstände.

Art. 915. Als Verwahrer gepfändeter Gegenstände dürfen nur in der Gemeinde wohnende, zuverlässige und haftungsfähige Personen aufgestellt werden.

Der betreibende oder Anschlußgläubiger, sein wirklicher oder gewesener Ehegatte, seine Verwandten und Verschwägerten in gerader Linie und bis einschlüssig zum dritten Grade der Seitenlinie nach bürgerlicher Berechnung, dann die zu ihm im Dienstes- oder Pflegschaftsverhältnisse stehenden Personen dürfen nur mit ausdrücklicher Genehmigung des Schuldners, die gleichen Angehörigen des Schuldners nur mit ausdrücklicher Genehmigung der Gläubiger als Verwahrer aufgestellt werden.

XXXIV. Hauptstück. Arrest auf Forderungen.

Zulässigkeit.

Art. 968. Alimentations- und Unterstützungsbezüge, welche während der Dauer eines Vollstreckungs- oder Gantverfahrens dem Schuldner vom Gerichte oder von den Gläubigern zugewiesen sind, unterliegen dem Arreste nicht.

Andere Alimentationsbezüge können nur in der durch Art. 967 Ziff. 2*) bezeichneten Beschränkung, die Nutzungsbezüge der Eltern aus dem Sondervermögen der Kinder nur soweit, als sie nicht zur standesmäßigen Erziehung, Ernährung und Verpflegung der letzteren nöthig sind, mit Arrest belegt werden.

Die Bestimmungen der Abs. 1 u. 2 finden keine Anwendung bei Forderungen, welche nach dem Anfalle des betreffenden Bezuges für Kost, Miethe oder andere nothwendige Lebensbedürfnisse, die daraus hätten bestritten werden sollen, erwachsen sind, sowie bei den zur Bestreitung dieser Bedürfnisse gemachten und darauf wirklich verwendeten Darlehen. Es muß jedoch auch in solchen Fällen das Unentbehrliche zum künftigen Unterhalte frei bleiben. —

XXXV. Hauptstück. Einweisung in die Erträgnisse unbeweglicher Sachen. (Immission.)

Zulässigkeit.

Art. 1008. Die Immission findet nicht statt, wenn der Nutzgenuß des Schuldners ein Diensteseemolument einer der in Art. 967 Ziff. 1 u. 3 bezeichneten Personen bildet.

Beruht der Nutzgenuß auf dem Nutzungsrechte der Eltern an dem Sondervermögen der Kinder, so ist die Immission unstatthaft, wenn der Nutzungsbetrag das Bedürfniß für ihre standesmäßige Erziehung, Ernährung und Verpflegung nicht übersteigt.

Fünftes Buch.

Gant.

XLI. Hauptstück. Provisorische Massenverwaltung.

Provisorischer Massenverwalter.

Art. 1233—1237. . . . .

Vorläufige Behandlung der Massa.

Art. 1238—1241. . . . .

Fortsetzung des Geschäftsbetriebes.

Art. 1242. . . . .

Veräußerungen.

Art. 1243. . . . .

Gelderhebungen und Zahlungen.

Art. 1244—1245. . . . .

*) Art. 967. Dem Arreste sind nicht unterworfen: 1) . . . 2) der noch nicht verdiente oder noch nicht fällige Lohn von Dienstboten, Gewerbsgehilfen, Taglöhnern, Fabrik- und ähnlichen Arbeitern, soweit er den Betrag von 7 fl. wöchentlich nicht übersteigt und bis zur Hälfte des Mehrbetrages.

Rechnungsführung und Rechnungsablage.

Art. 1246. . . . . . .

Vermögensverzeichniß.

Art. 1247—1250. . . . .

Veräußerung des gesammten Vermögens.

Art. 1251. . . . .

XLIV. Hauptstück. Definitive Masseverwaltung.

Beschlüsse der Gläubigerversammlung.

Art. 1280—1281. . . . .

Gläubigerausschuß.

Art. 1282—1288. . . . .

Definitive Masseverwaltung.

Art. 1289—1293. . . . .

Sechstes Buch.

XLVII. Hauptstück. Schiedsgerichte.

Schiedsvertrag.

Art. 1320. Schiedsrichtern können nicht übertragen werden Verhandlungen und Entscheidungen:

1) über den Personenstand;
2) über die Bestellung und Entsetzung von Vormündern, gerichtlichen Beiständen und Pflegern;
3) über den Gerichtsstand, über Ablehnung von Gerichtspersonen und über Verweisung an ein anderes Gericht, sowie über Entschädigungsklagen gegen Richter, Staatsanwälte, Gerichtsschreiber, Notare, Advokaten oder Gerichtsvollzieher wegen Dienstwidrigkeiten.
4) über die Giltigkeit und Trennung von Ehen;
5) über Aufhebung der ehelichen Gütergemeinschaft und über Aenderung der ehelichen Güterverhältnisse;
6) über Wiederaufnahme des Verfahrens und über Nichtigkeit im letzten ordentlichen Rechtszuge erlassener Urtheile;
7) in Gantsachen.

Die Bestimmung der Ziffer 5 findet keine Anwendung, wenn nach dem einschlägigen Civilrechte die Eheleute die betreffende Aufhebung oder Aenderung durch Vertrag vornehmen können.

Art. 1321. Wer als Vertreter einer physischen oder juristischen Person oder als Verwalter fremden Vermögens die Entscheidung einer entstandenen Streitigkeit an Schiedsrichter übertragen will, bedarf dazu derselben Ermächtigung, wie zum Abschlusse eines Vergleiches.

Schiedsrichter.

Art. 1322. Frauen, Minderjährige und letzteren gleichgeachtete Personen können nicht Schiedsrichter sein.

29.

Gesetz vom 29. April 1869.

Die privatrechtliche Stellung der Erwerbs- und Wirtschafts-Gesellschaften betr. (G.-Bl. 1869. S. 1153.)

Art. 65. Die Verjährung läuft auch gegen Minderjährige und bevormundete Personen, sowie gegen juristische Personen, denen gesetzlich die Rechte der Minderjährigen zustehen, ohne Zulassung der Widereinsetzung in den vorigen Stand, jedoch mit Vorbehalt des Regresses gegen die Vormünder und Verwalter.

Chronologische Uebersicht

der

Bezugsgesetze,

mit Angabe des Betreffes und Inhaltes und mit hinweisenden Noten.

A.

Landesherrliche Verordnungen und Reskripte (Generalmandate) vor dem Jahre 1818, nebst der Verfassungs-Urkunde vom 26. Mai 1818 und deren Beilagen und Zusätze.

Lauf. Ziff.	Datum und Sammlung.	Betreff.	Kurzer Inhalt.	Ziffer d. hieher bezüglichen Vorschriften.
1	1. Febr. 1768. (Suppl. ad Cod. B P. I. Cap VII § 36. S. 5.)	Von Endigung der Curatel durch Verehelichung.	Nur die mit Consens der Vormundschaft geschlossene Ehe beendigt die Curatel.	2.
2	24. Juli 1769. (MGS. 1771. S. 514. Moriz. Nov. 1820. S. 40.)	Von der Eheverlobniß oder den Sponsalibus.	Nothwendigkeit des elterlichen oder vormundschaftlichen Consenses.	1.
3	2. März 1787. (MGS. Bd. III S. 126. § 4.)	Das Ausleihen des Pupillarvermögens.	Ueberwachung der sicheren und verzinslichen Geldanlage.	7.
4	26. Febr. 1798 (MGS. 1799. Bd. VI. S. 30. Döll. XVII. 735.)	Die Vormund- und Exekutorschaft der Justizräthe.	Höchste Bewilligung zur Uebernahme der Vormundschaft.	5. 9. u. Vollz.-Vorschr. Abth. B. Ziff. 1. 2. 3. 9. 49.
5	25. Juni 1799 (Döll. XVII. 737.)	Die Uebernahme außergerichtl. Geschäfte von Seite der Justizbeamten betr.	Höchste Bewilligung zur Uebernahme der Vormundschaft.	4. 9. u. Vollz.-Vorschr. Abth. B. Ziff. 1. 2. 3. 9. 49.
6	14. Sept. 1804. (RBl. 1804. S. 873.)	Die von den Vormündern auf fremde Universitäten zu verschickenden Mündel.	Der Besuch fremder Universitäten ist Minderjährigen verboten.	
7	28. Jan. 1805. (RBl. 1805. S. 297.)	Das Ausleihen des Pupillarvermögens betr.	Der Ankauf ausländischer Staatspapiere ist verboten.	3.
8	1. Aug. 1810. (Würzb. R.-Bl. 1810. S. 32.)	Uebereinkunft zwischen Würzburg und Baden in Hinsicht der Vormundschaften betr.	Competenz zur Haupt- und Nebenvormundschaft, wenn der Mündel in beiden Ländern begütert ist.	Heft III. B. Z. 4, 6, 25, 47.

Lauf. Ziff.	Datum und Sammlung.	Betreff.	Kurzer Inhalt.	Ziffer d. hieher bezüglichen Vorschriften.
9	31. Aug. 1812. (Suppl. nr. XL)	Die Uebernahme außergerichtlicher Geschäfte von Seite der Justizbeamten.	Allerhöchste Bewilligung zur Uebernahme der Vormundschaft.	4. 5. u. Heft III. Abth. B. Ziff. 1, 2, 3, 9, 49.
10	26. Okt. 1813. (R.-Bl. 1813. S. 1337.)	Den Eintritt der Großjährigkeit betr.	Die Großjährigkeit tritt nur im ganzen Königreiche nach zurückgelegtem 21. Lebensjahre ein.	Auf Aschaffenburg erstreckt am 1. Okt. 1814. K. Prinzen. s. Ziff. 12 u. 15.
11	2. Nov. 1813. (Döll. XIII. S. 758. XV. 826.)	Die Bevormundung unehel. Kinder betr.	Die Gerichte haben für Bevormundung eines jeden unehelichen Kindes zu sorgen. Hiezu sind die Verwandten des ill. Vaters nicht berufen, ebensowenig Advokaten.	Landr. Thl. I. Cap. VII. § 2 und 7.
12	26. Mai 1818. Verfass.-Urk.	Zweiter Titel: Von d. König und der Thronfolge, dann der Reichsverwesung.	§ 7. Die königl. Prinzen u. Prinzessinen werden mit dem 19. Jahre volljährig.	S. Ziff. 10.
			§ 9. Reichsverwesung.	15.
		Fünfter Titel: Von besonderen Rechten und Vorzügen.	§ 2. Vorzugsrechte der v. reichsständischen Fürsten und Grafen.	GVG. Art. 76. Abs. 3. — Vgl. Z. 14.
			§ 4. Vorzüge der Adeligen.	Aufgeh. durch
			§ 5. Desgl. der Collegialräthe und Geistlichen.	GVG. Art. 76. Not.G. Art. 16, 150. —
		Achter Titel. Von der Rechtspflege.	§ 1. Gerichtsbarkeit. Instanzenordnung. § 2. Urtheile mit Entscheidungsgründen. § 3. Unabhängigkeit der Gerichte. § 4. Einheit d. Gesetzgebung im KR.	
13	26. Mai 1818. Beil. II zur Verf.-Urk.	Edikt über die äußeren Rechtsverhältnisse der Einwohner des Königreichs Bayern in Beziehung auf Religion und kirchliche Gesellschaften.	I. Abschnitt. Allgemeine Bestimmungen über Religions-Verhältnisse. 2. Cap. Wahl des Glaubensbekenntnisses. § 5, 6, 7, 8, 9. 3. Cap. Religionsverhältnisse der Kinder aus gemischten Ehen. § 12, 13, 14, 15, 16, 17, 18, 19, 20, 21, 22, 23.	S. Heft III. Abth. C. —
14	26. Mai 1818. Beil. IV zur Verf.-Urkunde.	Edikt, die staatsrechtlichen Verhältnisse der vormals Reichsständischen Fürsten, Grafen und Herren betr.	§ 10. Bestellung der Vormundschaft durch das Familienhaupt. Zuständigkeit des Appellationsgerichts. Oberaufsicht des Justizministeriums.	GVG. Art. 76.
			§ 65. Vorbehalt der k. Deklaration vom 19. März 1807. (RBl. 1807. S. 472.)	
15	5. Aug. 1819. Zus. zu Tit. II. § 7 und 9 der Verf.-Urkunde. (R.-Bl. 1821. S. 5.)	Königliches Familienstatut.	Tit. IX. Von der Reichsverwesung und den Vormundschaften. § 1, 2, 3, 4, 5, 6, 7, 8, 9. Tit. X. Von der Gerichtsbarkeit über das k. Haus in streitigen Fällen und von dem Familienrathe.	12.

B.

Bayerisches Landrecht vom Jahre 1756.

Lauf. Ziff.	Capitel.	Betreff.	Kurzer Inhalt.	Ziffer der hieher bezüglichen Gesetze 2c.
			Erster Theil (Personenrecht).	
I.	Cap. 2.	Von dem Unterschied der Rechte.	§ 17. Collidirendes Recht oder Gesetz.	GO. Cap. XIV §7. no.8. O.-A.-G.-E. v. 21. I. 1858. u. v. 14. III. 1857.
	Cap. 3.	Von den Rechten und Pflichten der Personen in Ansehen ihrer verschiedenen Stände überhaupt.	§ 2. Von dem natürlichen Stande. § 4. Actio status praejudicialis (Präjudizialklage).	
	Cap. 4.	Von dem Haus- oder Familienstande.	§ 3. Von Eltern u. Kindern. § 7. Von Alimentation u. Unterhaltung d. Eltern u. Kinder. § 8. V. Veränderung d. Familienstandes. § 9. De Quaestione status familiae et actione praejudiciali. § 10. De Inspectione et custodia ventris.	
	Cap. 5.	Von väterlicher Gewalt (Patria potestate.)	§ 1. Was sie sei, wem selbe gebühre und wie sie erlangt werde? § 2. Wirkung derselben. § 3. Peculium profectitium. § 4. Peculium castrense vel quasi. § 5. Peculium adventitium regulare et ordinarium. § 6. Peculium adventitium irregulare et extraordinarium. § 7. Wie die väterl. Gewalt aufhört. § 8. Von der Legitimation und zwar per subsequens matrimonium. § 9. Von der Legitimation per rescriptum. Principis.* § 10. De arrogatione. § 11. Adoptio in specie. § 12. Von der Einkindschaft od. Unione prolium.	*Landr. Thl. I. Cap. 12. § 2. no. 11.
	Cap. 6.	Von dem Ehestand (Matrimonio).	§ 4. Von dem Consens der Eltern, Vormünder u. Obrigkeiten. § 10. Von dem Hindernisse d. Ehe durch das Alter. § 12. Pflichten und Rechte der Eheleute. § 35. Wie sich die Eheleute einander succediren. § 36. Erster Successionsfall. § 37. Zweiter Fall. § 38. Dritter u. vierter Fall. § 46. Von zweiter oder weiterer Ehe. § 47. Straf derselben. § 48. Fälle, worin festbemeldete Strafen nicht Platz greifen.	s. oben A. 1. 2.

Lauf. Ziff.	Capitel.	Betreff.	Kurzer Inhalt.	Ziffer d. hieher bezüglichen Gesetze ꝛc.
		Zweiter Theil (Sachenrecht).		
II.	Cap. 2.	Von dem Eigenthum.	§ 3. Wer des Eigenthums fähig sei.	
	Cap. 4.	Von der Verjährung. (Usucapione vel praescriptione.)	§ 2. Wer verjähren könne. § 12. Von der Restitution in integrum gegen die Verjährung.	
	Cap. 5.	Von dem Innehaben.	§ 3. Wer possediren könne?	
	Cap. 9.	Von der Nutznießung.	§ 3. In was für Sachen die Nutznießung erlangt werde? § 6. De cautione usufructuaria.	
		Dritter Theil (Erbrecht).		
III.	Cap. 1.	Von der Succession und Erbschaft überhaupt.	§ 5. Von dem Antritt der Erbschaft. § 6. Wirkung des Antritts (no. 8). § 12. De missione ventris in possessionem haereditatis. § 13. De immissione ex edicto carboniano. § 14. Von Erbschaftsvertheilungen und der actione familiae herciscundae (no. 3, 4, 5.). § 15. Von der Collation in Erbschaftsvertheilungen. § 17. Von Obsignirung der Erbschaft und derselben Reseration. § 18. Von Inventirung der Erbschaft. § 19. Wie die Erbschaft verloren gehe? (no. 14.)	
	Cap. 2.	Vom letzten Willen überhaupt.	§ 5. Generalrequisiten eines letzten Willens, 2do. daß er ein selbsteigener sei. § 7. 4to. daß der letzte Wille ein wahrer und freier sei. § 16. Von der Benennung des executoris.	
	Cap. 3.	Von Testamenten überhaupt.	§ 3. Wer active testabilis sei und Testament machen könne? § 8. Von Untüchtigkeit der Testamentszeugen § 13. Ob und wie weit uneheliche Kinder passive testabilis sind? § 14. Von Notherben, haeredibus necessariis und deren Einsetzung. § 15. Von der Nothgebührniß oder legitima (no. 8, 9, 13). § 16. Von der Enterbung oder Exhäredation. § 17. Ursachen, wegen welcher man Kinder enterben mag. § 18. Oder Eltern und Geschwisterte. § 19. Von Aftererbeinsetzungen, insonderheit vulgari. § 20. Pupillari. § 21. Quasi pupillari vel exemplari. § 25. De testamento rupto per agnationem sui haeredis. § 29. De testamento irrito per destitutionem aut status mutationem.	

Lauf. Ziff.	Capitel.	Betreff.	Kurzer Inhalt.	Ziffer d. hieher bezüglichen Gesetze ꝛc.
	Cap. 5.	Von Codizillen.	§ 3. Wer kodizilliren könne?	
	Cap. 8.	Von Schankungen sowohl unter Lebenden als von Todeswegen.	§ 9. Wer Donationem inter vivos machen od. acquiriren könne? § 14. Widerrufung der Schenkung sonderbar in donatione in officiosa.	
	Cap. 11.	Von bedungener Erbschaft, insonderheit von Erbschaftsverzichten u. Regreßsprüchen.	§ 1. Von Pactis successoriis (Erbverträgen) überhaupt. § 2. Insonderheit von p. succ. negativis et renuntiativis.	
	Cap. 12.	Von d. natürl. Erbfolge.	§ 1—6.	

Vierter Theil (Obligationenrecht).

IV.	Cap. 1.	Von der Convention und den hieraus entspringenden Pflichten überhaupt.	§ 12. Wer paktiren könne? § 13. Ob man für Andere paktiren kann?	
	Cap. 2.	Von contractibus nominatis und realibus nemlich ꝛc.	§ 4. Exceptio Consulti Macedoniani beim mutuum oder Darlehen.	
	Cap. 3.	Von contractibus consensualibus sonderbar von Kauf.	§ 2. Wer kaufen und verkaufen könne?	
	Cap. 10.	V. Contractibus verbalibus nemlich der Stipulation u. Bürgschaft.	§ 5. Wer Bürge sein könne? § 15. Fälle, worin Regreß und Schadloshaltung des Bürgen nicht mehr statt hat. no. 2, 6. § 26. Fälle, worin das S. C. Vellejanum nicht statt hat.	
	Cap. 13.	Von Quasikontrakten überhaupt. *	§ 2. Negotiorum gestio. § 5. Solutio indebiti. § 12. Haereditatis aditio, Tutelae administratio.	*Vergl. Landr. Thl. IV. Cap. 1 § 12.
	Cap. 14.	Von der Art und Weise, die Verbindlichkeit wiederum aufzuheben, sonderbar v. der Bezalung.	§ 2. Wer solche thun könne? § 4. Wem man die Zahlung thun könne? § 5. Ob einem Minderjährigen oder Curatelmäßigen? *	*Vergl. Landr. Thl. I. Cap. 7. § 17. Note e.
	Cap. 15.	Von den übrigen modis solvendi obligationem.	§ 1. Von der Compensation. § 2. Von der Retention. § 4. Von der Novation. § 5. Von der Delegation. § 7. Von der Assignation. § 9. Von der Satisfaktion. § 13. Von der Restitution in integrum gegen die Obligation.	
	Cap. 16.	Vom Verbrechen und der daraus entspringenden Verbindlichkeit.	§ 6. De actione legis Aquiliae.	Landr. Thl. I. Cap. 7. § 17. no. 4.

C.

Spezial=Gesetze.

Lauf. Ziff.	Datum.	Betreff.	Kurzer Inhalt.	Ziffer d. hieher bezüglichen Gesetze rc.
1	1753.	Bayerische Gerichtsordnung. *)		* Man vergl. die neue Prozeßordnung und das Einführungsgesetz hiezu vom 29. April 1869 unten Ziff. 27 u. 28.
		Cap. I. Von den Gerichten u. der Gerichtsbarkeit.	§ 1. Wie und wo man sein Recht suchen soll. § 2. Wie das forum fundirt werde. § 3. Forum domicilii. § 7. Forum administrationis. § 12. Fälle, worin das forum privilegiatum eximirter Personen nicht statt hat.	
		Cap. III. Von dem Gerichtsprozesse.	§ 3. Von dem processu summariissimo et executivo. § 6. Wer Prozeß führen könne.	
		Cap. V. Von gerichtlichen Citationen rc.	§ 8. Insinuirung der Citation. § 10 Wie gegen Ungehorsame verfahren werde.	
		Cap. VII. Von d. Legitimation und Vollmacht.	§ 1. Wann die Legitimation erforderlich sei. § 3. Wer Vollmacht geben kann.	
		Cap. XIII. Von dem Eidschwur, wie auch dem Beweise, welcher dadurch gemacht wird.	§ 1. Von dem Eide überhaupt.	
		Cap. XV. Von den Appellationen und Revisionen.	§ 5. Von der Appellationsschrift u. dem libello gravaminum. (no. 6.)	Vergl. Seuff. Comm. Bd. IV. S. 70, 82.
		Cap. XVI. Von der restitutione in integrum, der Nullität u. andern remediis juris.	§ 1. Von dem remedio restitutionis in integrum.	Nov. v. 1819. § 7. Z. 2, u. v. 1837 § 39.
		Cap. XVII. Von Endigung des Streits durch Vergleich.	§ 1. Vom Vergleiche (no. 4, 12).	Bl. f. R.=A. XXIV. 349. II. 165.
		Cap. XIX. Von dem Konkursprozesse.	§ 8. Von der Legitimation bei dem Konkurse. § 18. Von dem Curatore bonorum und contradictore communi in concursu.	Nov. v. 1819. § 36. 1837. § 113.
2	22. Juli 1819.	Einige Verbesserungen der Gerichtsordnung betr. *	III. Vom Ungehorsam des Beklagten § 6. IV. Vom Calumnieneide § 7.	* Ziff. 1, 27 u. 28.
3	1. Juli 1822.	Hypothekengesetz für d. Königreich Bayern. *	I. Titel. II. Entstehung einer Hypothek § 9, 10. III. Spezialität der Hypotheken § 11. IV. Rechtstitel zur Erwerbung einer Hypothek, 1) gesetzliche § 12, no. 5, 7, 8, 11. —	* S. Ziff. 27, Art. 3.

Lauf. Ziff.	Datum.	Betreff.	Kurzer Inhalt.	Ziffer der hieher bezüglichen Gesetze ꝛc.
			2) Erklärter Privatwille § 13, 14, 16, 20. V. Erwerbung der Hypothek durch die Eintragung in das Hypothekenbuch § 21. — VI. 5) Von der Verjährung § 31. VII. Wirkungen der Hypotheken § 41. II. Titel. I. Hypothekenamt § 97. II. Verfahren § 104, 110, 111, 112, 115, 116. IV. 3) Dritte Rubrik. § 159, 163.	
4	1. Juni 1822.	Prioritätsordnung. *	I. Allgemeine Haftung des Vermögens § 1. — II. Separationsrecht: 1) Im Allgemeinen § 2, 4. — 2) Besonders bei dem Ewiggeld § 6. — III. Partikularkonkurs § 7, 8. — IV. Ordnung der Gläubiger § 11 A. Erste Klasse § 12. Ziff. 1, 2, 3, 9. § 13, 14. D. Vierte Klasse § 23.	* S. Ziff. 27. Art. 3.
5	17. Nov. 1837.	Einige Verbesserungen der Gerichtsordnung in bürgerlichen Rechtsstreitigkeiten betr. *	Abschn. I. Von dem Verfahren bei den Untergerichten. A. Das beschleunigte Verfahren im mündlichen Verhöre § 10. Abschn. II. Von dem Ungehorsame im 1. Verfahren § 23. Abschn. IV. Fristen, Termine, Fristenverlängerungen, Terminsverlegungen, Wiedereinsetzungen ꝛc. § 38, 39.	*Z. 1, 27 u. 28.
6	26. Febr. 1850.	Die Versammlungen und Vereine betr.	Art. 15. Theilnahme Minderjähriger.	
7	30. März 1850.	Die Ausübung der Jagd betr.	Art. 18, 19. Jagdkarten für Curatelmäßige.	
8	28. Mai 1850.	Die Competenzkonflikte betr. *	II. Abschn. Von den Competenzkonflikten zwischen den Gerichten in den Landestheilen dieſſ. d. Rh. Art. 14, 18, 19, 20, 21, 23, 24.	* S. Ziff. 27 Art. 4 u. Ziff 28 Art. 34-37.
9	25. Juli 1850.	Die allgemeine deutsche Wechselordnung betr.	Art. 1. Einführungstermin. Art. 2. Wechselarrestbefreiung.	* Zu 9. Art. 1, 2 95, Ziff. 20.
zu 9	" " "	Allgemeine deutsche Wechselordnung.	Art. 1. Wechselfähigkeit. Art. 2. Wechselarrest.* Art. 95. Wechselerklärung für Dritte.	*Z. f. GG. u. Rpfl. II. 485. VIII. 255. 256 IX. 595. X. 952 586. XII. 17. 111. 132. XIII 13. —
10	28. Mai 1852.	Die Feuerversicherungsanstalt für Gebäude d. d. Rh. betr.	Art. 2. Verbindlichkeit zum Eintritt. Art. 15. Größe der V.-Summe.	HG. § 41, 76, 132.
11	26. Merz 1859.	Die Verjährungsfristen betr.	Art. 1. Alimenten, Zinsen ꝛc. Art. 3. Kost- u. Lehrgelder. Art. 6. Anwendung auf Minderjährige.	
12	10. Nov. 1861.	Landtagsabschied. Abschnitt III. C.	§ 28. Einige Aenderungen im Civilrechte betr. 1) Die Geschlechtsvor-	

Lauf. Nr.	Datum	Betreff	Kurzer Inhalt	Ziffer der hieher bezüglichen Gesetze 2c.
			mundschaft betr. § 29. Die gesetzlichen Bestimmungen über das Recht der Servituten und über die aus der außerehelichen Geschlechtsgemeinschaft entspringenden Rechtsverhältnisse betr.	
13	10. Nov. 1861.	Die Einführung des allgem. deutschen Handelsgesetzbuches betr. **	Art. 1. Einführungstermin. Art. 2. Betrieb Minderjähriger. *	*Z.f.G.G.IX.85 XIV. 17. 132. **S. Ziff. zu 13 u. 29.
Zu 13	" "	Allgemeines deutsches Handelsgesetzbuch.	Verjährung der Klagen gegen die Gesellschafter. Art. 146, 149.	
14	" "	Die Gerichtsverfassung betr. *	Art. 8, Ziff. 7. Art. 18. Zuständigkeit der Stadt- und Landgerichte. Art. 19, 24, 25. Befugnisse der Beamten. Art. 29, 30, 43. II und III. Instanz. Art. 71. Depositenwesen. Art. 76, 77. Bevorzugte Gerichtsstände. Art. 80. Vergleiche.	Ziff. 27, 28.
15	" "	Das Notariat betr.	Art. 11. Wirkungskreis. Art. 12. Verträge Minderjähriger. Art. 13. Gerichtliche Prüfung. Art. 16. Gerichtliche Aufnahme. Art. 18. Versteigerungen. Art. 19. Inventare. Art. 31., 32., 35. Verlassenschaften. 48. Curenden-Verzeichniß. 49. Zweifelhafte Handlungsfähigkeit. 52. Versteigerungen. 82. Urschriftenaufbewahrung.	
16	" "	Strafgesetzbuch.	Straffolgen: Art. 28, 29, 75, 78, 84, 32. Befreiung wegen Begünstigung: 61. Strafantrag: 88. 89. Verbrechen und Vergehen gegen die Sittlichkeit: 212, 216, 220, 226. Verletzung der persönlichen Freiheit: 252, 253, 254, 269, 270. Familiendiebstahl: 290. Untreue der Vormünder und Vermögensverwalter: Art. 331. Benachtheiligung minderjähriger und ihnen gleichgestellter Personen 332.	
17	" "	Polizeistrafgesetzbuch.	Theilnahme u. Begünstigung: Art. 18. Unterlassene Anzeigen von Geburten und Todesfällen: 53. Unbefugte Aenderung des Geschlechtsnamens: 54. Unterlassene Anzeige der Auffindung neugeborner Kinder: 72. Unberechtigte Annahme fremder Kinder: 73. Unterlassene Anzeige der Inverwahrnahme hilfloser Personen: 74. Betteln: 89. Wirthshausbesuch: 99. Vernachlässigung des Schulbesuchs: 107. Schutzpockenimpfung: 117. Aufsicht auf Blödsinnige u. Geisteskranke: 137. Vernachlässigung der schuldigen Pflege: 138.	

Lauf. Ziff.	Datum.	Betreff.	Kurzer Inhalt.	Ziffer d. hieher bezüglichen Gesetze 2c.
18	10. Nov. 1861.	Die Einführung des Strafgesetzbuches u. d. Polizeistrafgesetzbuches betreffend.	Art. 3. Disciplinar-Strafbestimmungen. Art. 24. Rechtsmittel wegen Unterbringung 2c. Art. 70. Verfahren in Uebertretungssachen; Stellvertretung.	
19	10. Juli 1861.	Die Aufhebung der Straffolgen betr.	Wiedereinsetzung Art. 1. 2.	V. v. 4. Sept. 1861.
20	5. Okt. 1863.	Einige Bestimmungen der allgem. deutschen Wechselordnung betr.	Art. 3. Wechselarrest.	9.
21	10. Juli 1865.	Die Aufhebung von Beschränkungen d. Unteroffiziere u. Soldaten in der Verfügung über ihr Vermögen betr.	Verbot der Vermögensausaushändigung aufgehoben.	
22	30. Jan. 1868.	Die Wehrverfassung b.	Art. 7. Beginn der Wehrpflicht. Art. 35. Freiwilliger Eintritt.	
23	„ „	Das Gewerbswesen b.	Art. 1, Abs. 1. Berechtigung. Art. 4. Beschränkungen derselben.	Bl. f. a. Pr. XIX. 232.
24	16. April 1868.	Gesetz über Heimath, Verehelichung und Aufenthalt.	Art. 1. Ursprüngliche Heimat. Art. 15. Angewiesene Heimat. Art. 45. Ziff. 10. Aufenthalt Minderjähriger, Blödsinniger u. Geisteskranker. Art. 52. Beschwerdeführung.	
25	29. April 1869.	Die Gemeindeordnung für die Landestheile diess. des Rheins betr.	Art. 11. Bürgerrecht-Erwerbung. Art. 13. Versagung desselben. Art. 15. Ausübung desselben. Art. 18. Verlust desselben. Art. 32. Gemeindenutzungen. Art. 47. Gemeindeumlagen. Art. 171. Wahlstimmberechtigung.	
26	„ „	Die öffentliche Armen- u. Krankenpflege betr.	Art. 3. Hilfsbedürftigkeit. Art. 4. Voraussetzungen. Art. 10. Aufgabe der Armenpflege. Art. 18. Verköstigung von Haus zu Haus. Art. 23. Wählbarkeit zum Armenpflegschaftsrath. Art. 36. Erziehung von Kindern. Anträge gegen Verschwender.	
27	„ „	Die Einführung einer Prozeßordnung in bürgerl. Rechtsstreitigkeiten für das Königreich Bayern betr. *	I. Art. 1. Einführungstermin. Art. 2. Aufhebung der älteren Prozeßordnungen. Art. 3. Insbesondere. Art. 4. Competenzkonflikte. Art. 9. Verweisung auf aufgehobene Gesetze. Art. 10. Anerbietungen 2c. durch Gerichtsvollzieher zu machen. Art. 22. Wiedereinsetzung. II. Abänderungen d. bayer. Landrechts Art. 26, 27. III. Abänderungen des preußischen Landrechts. Verschollenheitsverfahren Art. 29-34; Wahn- und Blödsinnigkeitserklärung Art. 35; Prodigalitätserklärung Art.	*Ziff. 1, 2, 5, 14, 28.

Lauf. Ziff.	Datum	Betreff.	Kurzer Inhalt.	Ziffer d. hieher bezüglichen Gesetze 2c.
			36-41; Vormundschaftliche Prozesse Art. 42-44; Vorladung der Gläubiger eines Verschwenders Art. 62. VI. Richteramtsbefugniß Art. 113. Gerichtsferien Art. 138, 139. —	
28	29. April 1869.	Prozeßordnung in bürgerlichen Rechtsstreitigkeiten f. das Königreich Bayern.	I. Buch: Zuständigkeit Art. 1, 2, 3, 6; Allgemeiner Gerichtsstand Art. 12, 14, 18; Besondere Gerichtsstände Art. 27. Festsetzung der Zuständigkeit (Competenzkonflikte) Art. 34-37; Vereinbarter Gerichtsstand Art. 38; Behinderung und Ablehnung der Richter, Staatsanwälte und Gerichtsschreiber Art. 40; Abhilfe gegen Verzögerung der Rechtspflege Art. 56; Befugniß vor Gericht zu handeln Art. 58—62; Vertreter vor Gericht Art. 78, 79; Prozeßkosten Art. 110; Oeffentlichkeit d. Verhandlung Art. 148; Mitwirkung des Staatsanwaltes Art. 159, 160; Gerichtssprache Art. 162; Protokolle Art. 166—168; Einreden Art. 186; Zustellungen Art. 193, 194, 201; Tagfahrten u. Fristen Art. 209, 211, 216; Nichtigkeit von Prozeßhandlungen Art. 218, 219; Sühneversuch Art. 222; Vergleich Art. 223. II. Buch. Verfahren im ersten Rechtszuge: Wirksamkeit des Urtheils Art. 294; Arten der Urkunden und deren Beweiskraft Art. 353, 354, 355, 362; Herausgabe von Urkunden Art. 391; Zeugen Art. 401, 418; Eid Art. 449 bis 453, 471; Unterbrechung d. Verfahrens Art. 491; Wiederaufnahme desselben Art. 494, 495; Verfahren bei gerichtlichen Entscheidungen auf einfache Vorstellungen Art. 643-654. III. Buch. Rechtsmittel: Beschwerde Art. 739—751, 760; Gegenvorstellung Art. 755—758, 760; Rechtsmittel in Bezug auf Beschwerden Art. 759, 760; Wiederaufnahme des Verfahrens Art. 761, 770, 773, 780. IV. Buch. Vollstreckungsverfahren: Zulässigkeit d. Vollstreckung Art. 834; Verfahren im Allgemeinen Art. 849. — Vollzug der Urtheile auf Rechnungsstellung Art. 887—895; Verwahrung d. gepfändeten Gegenstände	Ziff. 1, 2—5, 8, 14, 27.

Lauf. Ziff.	Datum.	Betreff.	Kurzer Inhalt.	Ziffer d. hieher bezüglichen Gesetze ꝛc.
			Art. 915; Arrest auf Forderungen Art. 968; Einweisung in die Erträgnisse unbeweglicher Sachen (Immission) Art. 1008. V. Buch. Gant: Provisorische Masseverwaltung Art. 1233-1251. Definitive Masseverwaltung. Art. 1280-1293. VI. Buch. Schiedsgerichte Art. 1320-1322. —	
29	29. April 1869.	Die privatrechtliche Stellung d. Erwerbs- und Wirthschaftsgesellschaften betr.	Art. 65. Verjährung.	Ziff. 13 und Zu 13.

Berichtigung:

Die Note ** Seite 7 soll heißen: Bezüglich des Geschäftsverkehres mit anderen Staaten siehe das folgende III. Heft A. Z. 6.: im Allgemeinen; B. Z 4, 6: mit Württemberg; Z. 25: mit Belgien; Z. 46: mit Nordamerika. Ersuchschreiben an ausländische Behörden s. unten D. Formular Ziff. 28 u. 29.

Alphabetisches Register zum zweiten Heft.

(Bezugsgesetze.)

NB. Die erste Zahl bedeutet die Seite; S. = Seite; Z. bedeutet die Ziffer eines Absatzes der betreffenden Seite.

Druck von C. Stahl.

Druck von E. Stahl.

Kolibri 360 GmbH
Ferdinand-Jühlke-Straße 7
99095 Erfurt, Deutschland
produktsicherheit@kolibri360.de